ひつじ英語教育ブックレット 3

ライブ！
「グローバル人材育成」の英語教育を問う

斎藤兆史 ● 鳥飼玖美子 ● 大津由紀雄 ● 江利川春雄 ● 野村昌司　著

鼎談　養老孟司 × 鳥飼玖美子 × 斎藤兆史

まえがき

　2013年12月、文部科学省は「グローバル化に対応した英語教育改革実施計画」を発表しました。小学校の英語教育の早期実施や教科化、中学・高校の英語教育への外部検定試験の導入、小中高における英語教育指導体制の強化、一貫した到達目標の設定などが計画の骨子となっているようです。また翌2014年、同省はスーパーグローバルハイスクール事業、スーパーグローバル大学創成支援事業を立ち上げ、指定校を決定しました。

　この計画や事業の内容を知って、2002、2003年にそれぞれ策定・発表された「『英語が使える日本人』の育成のための戦略構想／行動計画」を思い出した英語教育関係者も多いのではないでしょうか。そこでは、生徒や英語教員に必要とされる英語力が外部検定試験の数値として設定され、小学校の英会話活動の充実が謳われています。またこの計画を基にして大学入試センター試験にリスニング試験が導入され、スーパー・イングリッシュ・ランゲージ・ハイスクール（SELHi）が指定されました。鳴り物入りで進められたあの計画は、いったいどうなったのでしょうか。

　これに関する興味深い評価が、2011年に文科省の「外国語

能力の向上に関する検討会」が発表した「国際共通語としての英語力向上のための5つの提言と具体的施策」に記されています。

> この行動計画［「『英語が使える日本人』の育成のための行動計画」］の達成状況について検証を行った結果、一定の成果はあったものの、生徒や英語教員に求められる英語力など、必ずしも目標に十分に到達していないものもあり、真に英語が使える日本人を育成するためには、我が国の英語教育についてその課題や方策を今一度見直すことが必要である。

「一定の成果」が何を指すのかは分かりませんが、あれだけはっきりと外部試験の目標数値を定めて「『英語が使える日本人』の育成」を謳っておきながら、生徒や英語教員の英語力さえ目標に到達していないというのですから、計画が破綻したと言われても仕方がありません。「グローバル化に対応した英語教育改革実施計画」という新しい看板をつけて仕切り直しをすれば、今度こそ日本の英語教育が改善されるのでしょうか。一方で文科省は、外国語教育において中心的な役割を果たしている国立大学の人文・社会科学系や教員養成系学部・大学院の統廃合や組織の見直しに関する通達を出しました。英語教育の推進力として、学理に適わぬ経済界の論理と功利主義がますます強くなっています。

　ツールとしての英語、スキルとしての英語、コミュニケーションのための英語、そしてグローバル化のための英語。分

かったような分からないようなカタカナの概念で英語が定義されるようになってから、日本の英語教育界は浮ついた議論を繰り返しています。その浮ついた議論に基づき、経済界から尻を突かれるままに英語教育行政は足場の定まらぬ改革を進めようとしています。

そのような英語教育改革のあり方に対し、大津、鳥飼、江利川、斎藤の4人は、立場と専門こそ違え、一様に学理という論理的基盤の重要性を説きつつ批判を加えてきました。そして、今回本書が検証を試みるのは、「グローバル化」をキーワードとして急激に進められている英語教育改革です。

本書のもとになっているのは、2015年6月13日に中京大学で行われた「グローバル化に対応した英語教育とは？」と題する公開講座です。コーディネーターの野村昌司氏の呼びかけに応じて集まった我々は、それぞれの発表ののち、情報を交換し、約400人の聴衆と活発なやり取りをしました。野村氏も、議論の交通整理をしながら若い言語学者らしい卓見を披露してくれました。本書は、当日の議論の臨場感を失わないように、録音された当日の音声の書き起し原稿をもとにした「ライブ版」です。ただし、それぞれの発表後に提示された重要な論点を加筆する形で執筆を進めたのち、お互いに原稿を読みあって修正を施しました。

また、今回は、第2弾の内田樹さんに続き、頼もしい論客が加わってくれました。『バカの壁』（新潮社、2003）で有名な解剖学者の養老孟司さんです。英語化という形での「グローバル化」に批判的な養老さんと鳥飼、斎藤の鼎談を収録しましたので、ぜひそちらも味読していただければと思います。

ブックレット・シリーズ第3弾として、先の2冊同様、本書が健全な英語教育論を活性化することを願っています。私たちの主張に賛成か否かにかかわらず、皆さんのご意見をぜひお寄せいただけると幸いです。ひつじ書房気付けのメール（stop.hatan@gmail.com）ないし郵便でお送りください。

　最後に、ひつじ書房の松本功社長と編集担当の渡邉あゆみさんに心からの感謝を申し上げます。

2016年晩夏
斎藤兆史
鳥飼玖美子
大津由紀雄
江利川春雄

目次

まえがき　　　　　　　　　　　　　　　　　　　　　iii

基調提案
グローバル化に対応した英語教育とは？
　　　　　　　　　　　　　　　　　　　野村昌司　1

外国語教育は「グローバル人材育成」のためか？
　　　　　　　　　　　　　　　　　　江利川春雄　15

グローバル人材からグローバル市民へ
　　　　　　　　　　　　　　　　　　鳥飼玖美子　39

「グローバル時代」の大学英語教育
　　　　　　　　　　　　　　　　　　　斎藤兆史　63

本道に戻ってグローバル化に対処する
　　　　　　　　　　　　　　　　　　大津由紀雄　83

鼎談　養老孟司×鳥飼玖美子×斎藤兆史
「英語教育におけるバカの壁」　　　　　　　　　　101

4人組獅子奮迅録（その3）　　　　　　　　　　　125
著者紹介　　　　　　　　　　　　　　　　　　143

基調提案
グローバル化に対応した英語教育とは？
野村昌司

　皆様、こんにちは。中京大学の野村昌司です。まずは私から公開講座「グローバル化に対応した英語教育とは？」の基調提案として4人の先生方の前に少しお話をさせて頂きます。

グローバル化に対応した英語教育について考える

　今日では、日本社会の多文化化・多言語化が見られるようになり、グローバル化が叫ばれる時代になりました。そのような時代において、ことばや文化の壁を越えて活躍できる人間を育成することは、大学をはじめとする日本の学校教育に求められている重要な課題のひとつと言えます。

　ことばの教育は学校教育の重要な部分を成すものです。今確かに母語以外の言語をより必要とする時代がやってきているかもしれません。それだけに外国語に力を入れた教育が求められているかもしれません。では社会のグローバル化に対応したことばの教育とは一体何でしょうか。ことばの教育は人間の思考力と感性を育む教育であり、人格を創る教育と言っても過言ではありません。大学をはじめとする教育機関はどのような言語

教育体制を確立し、どのような外国語教育を行っていくべきか考えなければなりません。そのためにはなぜ母語以外の言語を学ぶのかという目的を明確にし、それをどの程度まで学ぶのかという目標を定める必要があります。この公開講座ではお招きした4人の先生方と一緒にことばの教育、特に日本の英語教育の在り方について考え、その上でグローバル化に対応した英語教育について考えていきたいと思います。

国際化とグローバル化

　学生になぜ外国語を学んでいるのかと尋ねると皆一様に「グローバル化時代だから」といった回答をします。しかしグローバル化がどういう意味なのか尋ねるとはっきりしません。グローバル化という言葉の意味も知らずに「グローバル化時代だから」ことばを学んでいるとしたら実にナンセンスです。グローバル化は、しばしば国際化と混同され、あまり区別されずに使われていますが、英語の綴りを見ても分かるとおり、根本的に全く異なる意味を持っています。ここでは「国際化」と「グローバル化」の意味を紹介し、その違いを明確にした上で、日本におけるグローバル化が如何に偏ったものになっているかを見たいと思います。

　まず、国際化についてです。国際化（internationalization）とは「国の枠組みを前提として複数の国家が相互に交流し、互いに経済的・文化的影響を与え合うこと」です。この言葉の中には、「相互の」という意味を持つinter-という接頭辞があります。この言葉が非常に大切な意味を持っているということ

をきちんと理解しておく必要があります。
　以下に internationalization の派生（ある語から別の語が生じること）を簡単に示しておきます。

nation 名詞
国民、国家

nation	+ -al 接尾辞 [形容詞を作る]	→	national 形容詞 国民全体の、国家全体の
inter- 接頭辞 …の間、相互の［に］	+ national	→	international 形容詞 国際的な、国家間の
international	+ -ize 接尾辞 [動詞を作る]	→	internationalize 動詞 国際化する
internationalize	+ -ation 接尾辞 [名詞を作る]	→	internationalization 名詞 国際化

　それに対してグローバル化（globalization）とは「国家の枠組みと国家間の壁を取り払い、政治、経済、文化など、様々な側面において地球規模で資本や情報のやりとりが行われること」です。グローバル化は地球を統一的に捉えた考え方であり、好意的に受け止められがちです。しかし実質的なグローバル化がいったいどういうものかをきちんと考え、理解しておく必要があります。
　ここでも以下にグローバル化（globalization）の派生を簡単に示しておきます。

globe 名詞
地球、世界

globe　　　＋　-al　　　→　global 形容詞
　　　　　　　　　　　　　　地球全体の、全世界の

global　　　＋　-ize　　→　globalize 動詞
　　　　　　　　　　　　　　地球的規模にする、世界基準にする

globalize　＋　-ation　→　globalization 名詞
　　　　　　　　　　　　　　グローバル化

　この国際化とグローバル化の違いは、なぜか特に教育の場ではあまり区別されていません。ところがビジネスの世界ではかなりはっきりとした違いが存在しています。なぜならビジネスの世界では国際化時代から現在のグローバル化時代へ転換してきた経緯があるからです。ビジネスにおける国際化とグローバル化を例にこれらの言葉が持つ意味の違いを明確にしておきたいと思います。

　ビジネスにおける国際化時代とは、自国文化と他国文化の違いを理解し、それぞれの国の文化に対応した商品やサービスを提供しながら拡大してきた時代でした。その背景には、それぞれの国の言語・文化・価値観等の差異を理解し、それを尊重するというものがありました。国際化時代の国と国との関係は、**各国が自国のルール**、つまり<u>国境を保持した上での関係</u>であったと言えます[1]。

　そのような時代から、現在は国の違いを超えて、世界中の人間に共通するニーズに対して同じ商品やサービスを提供し、その質を上げながら拡大するグローバル時代へと変わっていま

す。グローバル化時代においては、各国のルール、つまり<u>国境をなくしてしまい</u>、**世界共通のルール**のもと、同じ価値観を共有しています。ビジネスの世界はこのようなかたちに変貌を遂げてきたと言えます。

　日本では、「世界共通のルール」は「英語圏文化のルール」と言い換えることができます。「世界共通のルール」には、その媒介となる「世界共通の言語」が必要になります。当然それは英語圏文化の言語、英語になります。つまり日本におけるグローバル化は、英語圏文化の価値観を共有することと言っても過言ではありません。もっと言ってしまえば、日本においてグローバル化はアメリカ化に等しいということです。さらにもっとはっきりと言ってしまえば、日本におけるグローバル化はアメリカの植民地化というのが実情と言えるでしょう。しかし日本におけるグローバル化がアメリカ化と同義であるのに対し、当のアメリカはというと当然国家の枠組みを維持しているということなのです。

　こうした国際化とグローバル化の違い、また日本における実質的なグローバル化の意味を理解したうえで、グローバル化に対応した英語教育とは何かを考えていかなければなりません。

英語教育を知らない人のグローバル化に対応した英語教育

　グローバル化に対応した英語教育とは何か。まず英語教育のことを全く知らない人や言語の仕組みを全く知らない人が思いつきで言うとどのように英語教育を進めようとするか考えてみ

ましょう。

　「日本が世界と『戦う』ためには、世界共通の言語である英語を使いこなす必要がある！」
　「日本人も英語母語話者のように英語ができれば、世界と対等に『戦える』はずだ！」
　「アメリカ人なら子どもでもペラペラと英語が話せるのだから、早く英語を始めさせてしまえばいいはずだ！」
　「よし！　だったら、小学校から英語を始めよう！」

　こういった発想で英語教育を進めてしまうのではないでしょうか。いいえ、実際に進めてしまっています。事実そういった発想のもとで、現在日本は小学校英語化が本格化していると言えます。
　本当にそれでいいのでしょうか。ただ早く英語を始めれば英語はうまくなるのでしょうか。なぜ小学校から英語を学ばせる必要があるのでしょうか[2]。
　さらに英語教育や英語を知らない人は、「日本人は発音が悪い。だから英語が下手である。」と発音の上手い下手で英語力を判断し、「読み・書きができても発音が悪ければ、英語ができるとは言えない！　だったらコミュニケーション（という名の会話）中心の授業を増やしてしまおう！」という風に英語力を会話の際に表面的に見える「発音」や決まった会話表現をどれだけ覚えているか等で評価し、「発音」と「会話」ばかりに目を向けたような英語教育を進めようとします。その安直な考えから「英語の授業だから英語でやらせればいい。大学の授業

も英語でやろう！　よし、これで世界と戦えるグローバル人材が育つ！」という具合になるわけです。こう言った考えのもとで「グローバル化に対応した英語教育改革」が本格化しています。

　本当にこれでいいのでしょうか。英語の上手い下手は発音で決まるのでしょうか。英語の仕組みも分からず、その分からない言語でその仕組みを説明されて、ただ聞かされて、英語ができるようになるのでしょうか。母語で学べる環境があるにも関わらず、わざわざ外国語で専門的知識を深めることが世界で活躍できる人間の育成になるのでしょうか。英語はそもそも世界と「戦う」ために学ぶのでしょうか[3]。

　残念なことに、英語ができない人、言葉の仕組みがわからない人ほど英語らしい発音ができる人の英語を聞くと「あの人は英語が上手だ。」と評価します。例えばアメリカ手話（American Sign Language）を母語とする人の中には英語を第二言語とする人がいますが、聴覚に問題を抱えているため、その人達の英語の発音は「上手い」とは言えないことがあります。では、その人達の英語は下手ということになるでしょうか？　理論言語学の観点から言えば、発話行為はあくまでも内在的に存在する言語能力を外化する際に使うチャンネル（手段）でしかありません。もちろん思考・感情を表現するのにその伝達手段が上手ければ上手いほど良いのは当然です。しかし発音の上手い下手は字の上手い下手に類似したものと考えれば、字や発音の上手い下手だけで「あの人は英語が上手だ。」と評価するのがおかしいことは明らかです。しかしなぜ英語ができない人、ことばの仕組みがわからない人ほど発音だけで評価をしてしまうのでしょうか。それは英語ができない人が唯一

英語と日本語の違いとして認知できるのが発音の違いだからなのです。言い換えれば、英語ができない人達は当然話している内容がわからないため、意味はわからずとも日本語との違いがわかる音でしか自分との能力の違いを判断できないため、音の響きが英語っぽく聞こえれば、上手い、そうでなければ下手と判断しているからなのです。例えば、幼少期に一定期間英語圏で生活をしたため、発音は母語話者のそれと近く、ちょっとした日常会話程度であれば話せるという人と、発音はかなり日本語のアクセントが強いが母語話者とも意思疎通が可能なレベルで、日常会話のみならず、自分の考えを的確に表現でき、相手の考えを瞬時に理解できるだけの英語能力を持った人がいたとします。どちらの英語話者の能力が高いかは明白なはずなのですが、英語ができない人がそれぞれの発話を聞いて評価すれば、おそらく前者を「英語が上手い。」と誤って評価してしまうことでしょう。

　このように発音の上達や英会話の決まり文句を覚えるだけでは政府が求める「使える英語」は身につかないであろうことは容易に想像できます。しかし文部科学省が出した「グローバル化に対応した英語教育改革実施計画（平成25年12月13日発表）」の「グローバル化に対応した新たな英語教育の在り方」を見ると、

　　　　　小学校中学年：コミュニケーション能力の素地を養う
　　　　　小学校高学年：初歩的な英語の運用能力を養う
　　　　　中学校：　　　授業を英語で行うことを基本とする
　　　　　高等学校：　　授業を英語で行う

とあります。先にも述べたように大学も英語で行う講義を増やす流れになっています。しかし英語で行われる授業を聴き、内容を理解するためには当然その英語がわかっている必要があるわけですが、小・中・高のどこにも英語という言語の仕組みを教えることを具体的に謳っていません。中学・高校では英語を英語で教えられます。そうなると小学校で英語の仕組みを理解させておく必要がありますが、初歩的な英語の運用能力を養う（使い方の練習）だけであり、どこにも英語という言語の能力を養う（仕組みを理解する）場を設けていない始末です。

　英語を小学校からただ聞かせていれば、母語のように英語を習得できるとでも思っているのでしょうか。このような実施計画は、母語や第二言語の獲得と外国語の習得とを混同した英語ができない。ことばの仕組みがわからない人や英語を外国語として習得したのではなく第二言語として獲得した人による誤った考えに基づいたものとしか思えません。

　言語学研究において、外国語学習と母語・第二言語獲得のプロセスが異なることは明らかとなっています。『英語学習７つの誤解』（大津由紀雄、NHK出版・生活人新書、2007）等でわかりやすくまとめられた「ことばを身につける３つの形態」にあるように母語・第二言語獲得と外国語習得は日常的触れあいと必然性等に違いがあります。

ことばを身につける3つの形態

	母語の存在	日常的触れあいと必然性	開始時
母語	なし	あり	無意識的
第二言語	あり	あり	無意識的
外国語	あり	なし	意識的

『英語学習7つの誤解』(大津由紀雄、NHK出版・生活人新書、2007) 等参照

　英語は日本人にとっては外国語なのですが、上でみた「早く英語を始める」、「英語は英語で」、「授業は英語で[4]」という発想はまさに母語・第二言語獲得を意識したものであり、第二言語獲得を模倣した危険な外国語「教育」なのです。どんなに英語の授業時間に英語を聞かせても、日常的触れあいも必然性も第二言語獲得で得られるものの比ではないため、母語を無視して英語を無意識的に身につけることは困難です。例えば、外国語学習において多く見積もって1週間に計5時間の英語授業と計2時間英語を自習すると仮定すると、1週間に7時間の英語量なので1年で365時間英語に触れる計算になりますが、母語・第二言語獲得においては、1日に少なく見積もって5時間英語に触れると仮定すると、1年で1,825時間英語に触れる計算になります。このような量的な差を考えても英語を第二言語獲得のように習得させることが如何に困難であるか容易にわかると思います。

　英語が外国語である以上、第二言語獲得と同じ環境で英語学習を実行することは公教育においては不可能と言って良いと思います。日本のような環境においては自国の言語（母語）と他国の言語（外国語）の差異を認識した学習を行うことが大切で

あり、量的な差を埋めるのはまさに母語の知識なのではないでしょうか。また比較することで目標言語（学習対象言語）だけでなく、母語についての知識も深まるのではないでしょうか。

グローバル化に対応した英語教育とは何か？

　グローバル化に対応した英語教育とは何でしょうか。社会がグローバル化すれば、教育の在り方までグローバル化する必要があるのでしょうか。英語の授業を英語で行えば、また大学の講義を英語で行えば、グローバル化に対応した人を育てることになるのでしょうか。

　この導入では、「国際化」と「グローバル化」の違いについて説明し、文科省が掲げる「グローバル化に対応した英語教育改革」から浮かぶ疑問点・問題点を思いつくままに挙げました。後の４人の先生方には英語教育の目的、現状、問題点に触れながら、それぞれが考える「グローバル化に対応した英語教育」、本当の意味でグローバルに生きるために必要なことばの教育、特に英語教育のあるべき姿についてお話頂きます。皆様にも自分が思うグローバル化に対応した英語教育とは何か考えながら、４人の先生方のお話を聴いて頂けたらと思います。長丁場ではございますが、最後までどうぞよろしくお願い致します。

注

1 河口鴻三 (2013)「グローバル化と国際化ってどう違うの？」ITmedia ビジネス ONLINE (旧 Business Media 誠) 等を参照のこと。

2 これらの問いについては、2002年出版の『小学校でなぜ英語？―学校英語教育を考える―』(大津由紀雄・鳥飼玖美子著、岩波書店)、2004年から3年続けて出版された『小学校での英語教育は必要か』(大津由紀雄編著、慶應義塾大学出版会、2004)、『小学校での英語教育は必要ない！』(大津由紀雄編著、慶應義塾大学出版会、2005)、『日本の英語教育に必要なこと』(大津由紀雄編著、慶應義塾大学出版会、2006) で大津由紀雄先生や鳥飼玖美子先生をはじめとする専門家達によって10年も前に議論され、提言が出されているので参照のこと。

3 「いや、それではダメでしょう！」と立ち上がったのが、4人の先生方(江利川・鳥飼・斎藤・大津)。2013年6月に、『英語教育、迫り来る破綻』(大津由紀雄・江利川春雄・斎藤兆史・鳥飼玖美子著、ひつじ書房、2013) を緊急出版。その後、文部科学省からグローバル化に対応した英語教育改革実施計画が打ち出されたので、2014年6月には、『学校英語教育は何のため？』(江利川春雄・斎藤兆史・鳥飼玖美子・大津由紀雄著、ひつじ書房、2014) を出版。先にこれらのブックレットを一読されておくと4人の一貫した主張と取り組みが明瞭に理解できるので参照のこと。

4 「授業は英語で」行うという行為が外国語学習に不要と言っているわけではなく、一連の発想の根底にあるのが言語獲得と外国語習得の混同にあるということを問題視している。

参考文献

江利川春雄・斎藤兆史・鳥飼玖美子・大津由紀雄（2014）『学校英語教育は何のため？』ひつじ書房

大津由紀雄編著（2004）『小学校での英語教育は必要か』慶應義塾大学出版会

大津由紀雄編著（2005）『小学校での英語教育は必要ない！』慶應義塾大学出版会

大津由紀雄編著（2006）『日本の英語教育に必要なこと』慶應義塾大学出版会

大津由紀雄（2007）『英語学習７つの誤解』NHK出版・生活人新書

大津由紀雄・江利川春雄・斎藤兆史・鳥飼玖美子（2013）『英語教育、迫り来る破綻』ひつじ書房

大津由紀雄・鳥飼玖美子（2002）『小学校で何故英語？―学校英語教育を考える―』岩波書店

河口鴻三（2013）「グローバル化と国際化ってどう違うの？」ITmediaビジネスONLINE（旧Business Media誠）、１月11日（http://bizmakoto.jp/makoto/articles/1301/11/news010.html 2016年10月７日検索）

外国語教育は「グローバル人材育成」のためか？

江利川春雄

私が提起したいこと

　みなさん、こんにちは。先ほど野村さんから大変刺激的な基調提案をいただき、さすがだと思いました。今までは４人組でしたが、本日は５人組にパワーアップです。

　私は「グローバル人材育成」を目的とした外国語教育政策の問題点は何か、という点に絞って提起をしたいと思います。その際に、私は教育学部で教員養成に従事していますから、大学だけではなく、小・中・高校も含めた「国民教育としての外国語教育」の視点から問題提起します。

　先に結論を言います。学校教育における外国語教育の目的は「グローバル人材育成」ではありません。グローバル人材育成政策とは、上位１割ほどのエリート育成に特化した政策です。残り９割の人たちの学びの質をどう高めるかについては、何の具体策も出ていません。しかし、学校教育は１人も見捨てず、全員の学習権を保障する義務があります。ですから、「グローバル人材育成策」とは原理的に相容れないのです。

　政府はエリート育成に重点投資する半面、学校教育の予算も

人も削っています。日本の国家予算に占める教育関係費の割合は、1975年の12.4％から、2000年に7.7％、2014年には5.7％にまで下げられています（大谷2015）。国際的に見ても、2012年の調査で、国内総生産（GDP）に占める教育への公的支出率は、経済協力開発機構（OECD）加盟国の平均4.7％に対して日本は3.5％で、比較可能な32カ国中、6年連続の最下位です。グローバル化と言いながら、日本政府の教育支出はグローバル標準とはほど遠いのです。

　また、小中学校教員の給与は、OECD平均が増加傾向であるにもかかわらず、日本は2005年から8年間で6％も削られています。さらに、安倍内閣は教員定数の純減も続けており、教員の多忙化が加速しています。財務省は、2024年度までに公立小中学校の教員数を全体の6％にあたる4万2千人も削減する案を、2015年5月に発表しました。こうして、OECDの国際教員指導環境調査（2013年度）によれば、日本の中学校教員の勤務時間は週53.9時間で、加盟国の平均38.3時間を1.4倍も上回り、ダントツで最長でした。これでは「教育再生」どころか「教育破壊」ではないでしょうか。

　他方、政府は世界で経済活動を展開するグローバル企業の安全を保障するために軍事力を増強し、憲法が禁じる集団的自衛権の行使容認に踏みきりました。軍事費を増やす一方で、教育・医療・福祉予算を削減し、教員の数と賃金を他の先進国に例がないほど抑制しています。こんなことで、未来を担う若者がまともに育つでしょうか。公教育を人的・物的に劣化させる教育政策に、私は強い危機感と怒りを抱いています。

　戦後の日本人は、1947年の新制中学校の発足によって、す

べての人が「国民教育としての外国語教育」を受ける権利を獲得しました。この歴史をふまえて、私は質の高い外国語教育をすべての人に保障する協同学習（collaborative learning）を逆提案します（後述）。

　学習者同士の学び合いを通じた自律学習者の育成は、いま特に求められています。というのは、選挙権を18歳に引き下げることが2015年に決まったからです。こうなると、特に高校教員の責任は重大です。生徒が高校3年生で選挙権を持つまでに、政治や社会のあり方を自分で考え、態度を決定し、意思を投じることのできる主権者を育てなければならないからです。18歳主権者を迎え入れる大学教員の責任も、これまで以上に重くなります。

　この転換を視野に入れた外国語教育のあり方を早急に具体化しなければなりません。外国語教育を通じて批判的・主体的に考える主権者を育てるために、とりわけ教材の選定と協同的・対話的な授業設計が重要になると私は考えています。

問題だらけのグローバル人材育成策

●グローバル企業のためのエリート育成

　さて、そもそもグローバル人材とは何でしょうか。公的には、民主党政権時代の2012年にグローバル人材育成推進会議が「審議のまとめ」で定義しています。詳しい内容は、このあと鳥飼玖美子さんからお話があると思いますが、定義の冒頭に「語学力・コミュニケーション能力」が置かれており、英語でコミュニケーションできることが第一要件です。

しかし、2012年12月に政権交代があり、第2次安倍内閣が誕生すると、グローバル人材育成策が変質していきました。上位1割のエリート育成という選別的な性格が前面に打ち出され、そのために留学用試験であるTOEFL（トーフル）を大学入試に課すなどの驚くような方針が次々に出されました。

　2013年4月8日に自民党の教育再生実行本部が発表した「成長戦略に資するグローバル人材育成部会提言」には、「結果の平等主義から脱却し、トップを伸ばす戦略的人材育成」という基本方針が盛り込まれました。これは、戦後の国民教育としての英語教育の原理を根本から否定するものです。しかも、育成すべきグローバル人材は「10万人」という数値目標まで書いてあり、私は愕然としました。今後、少子化で高校卒業生が年間100万人ほどに減ると考えても、10万人とは上位1割にすぎません。残り9割のための原資を削って、1割のエリート育成に振り向けるわけです。「スーパーグローバルハイスクール」や「スーパーグローバル大学」に指定された少数の学校や、優秀な人材だけに大盤振る舞いする政策なのです。

　では、上位1割のグローバル人材をどうやって抽出するのでしょう。その手段として出てきたのが、TOEFLや英検などの外部検定試験を課して、基準をクリアした人だけを選別するという時代遅れで危険な手法です。

●財界の教育介入と官邸主導

　過激な英語教育改革の旗振り役の1人が、経済同友会のプロジェクトチーム委員長で、英語の社内公用語化を推進した楽天会長兼社長の三木谷浩史氏です。彼らが2013年4月に発表し

た要望書は、TOEFL を大規模に導入して日本の大学入試を「国際標準化」すると述べています。しかし、TOEFL やビジネス用の TOEIC〔トーイック〕は組織的な不正受験が発覚したために、2014 年からイギリス留学には使えなくなりました。ですから「国際標準」などではありません。

　TOEFL などの外部検定試験は、文部科学省が教育課程の標準としている学習指導要領とは整合しません。これを到達目標として学校現場に下ろせば、二重基準となって現場は大混乱し、指導要領の権威は失墜します。ですから、本来ならば文部科学省が大いに抵抗するはずです。1980 年代に政府の臨時教育審議会が教育方針を出したときも、文部省の役人たちはお株を奪われまいと抵抗していました。

　しかし、今ではそうした抵抗ができなくなりつつあります。理由の一つは、教育政策における「官邸主導」です。第一次安倍政権が 2006 年に改悪した教育基本法によって、内閣は「教育振興基本計画」を閣議決定できるようになりました。その時々の内閣の教育方針が、国会の審議を経ることなく、教育行政と教育現場を拘束できるようにしたのです。しかも、第二次安倍政権は、自分に近い考えのメンバーを集めて首相の私的諮問機関である教育再生実行会議を設置し、これを文部科学省や中央教育審議会などの公的機関よりも上位に置くことで、官邸主導の教育政策を実行させています。まさに「安倍独裁」です。

　もう一つは、文科省人事の異変です。企業本位の英語教育改革を唱える三木谷氏の部下で、楽天の英語社内公用語化を進めた葛城崇〔かつらぎたかし〕氏が 2014 年 5 月から文部科学省初等中等教育局国際

教育課に出向し、英語教育プロジェクトオフィサー（2015年度は英語教育改革プロジェクトマネージャー）となっています。つまり、グローバルビジネスを展開する業界人が、文部科学省の小・中・高の英語教育政策の中枢部に入って政策の立案・実施に関わっているのです。英語教育の専門家や教育経験者ならまだしも、葛城氏は教壇に立ったことはなく、しかも理工学部の出身です。グローバル企業の利害で学校の英語教育政策を進めるべきではありません。

現在の教育政策の根底に流れている新自由主義は、学校さえも企業の利益のために奉仕させ、子どもを「人材」とみなします。こうして1990年代から、財界は「世界で戦えるグローバル人材」の育成を学校教育に求めるようになりました。

しかし、学校教育が目指すのは、単なる「人材」育成ではありません。もっと広く深いのです。教育基本法が定めるように、戦後教育の目的は「人格の完成」(the full development of personality)を目指し、「平和で民主的な国家及び社会の形成者」を育成することです。この法律は、個人の自由と権利が軽視され、赤紙一枚で戦地に送られた戦前への厳しい反省の上に制定されたものです。子どもたち一人ひとりがどのように伸びるかは誰にもわかりません。人間としての全面的な発達の可能性を追求することこそが公教育の使命だと定めたのです。これは絶対に譲ってはいけない大原則です。

ところが近年は、教育の目的が狭い「人材」教育にすり替えられ、企業のような数値目標管理が導入されています。たとえば、文科省が2015年6月に発表した「生徒の英語力向上推進プラン」では、方針内容や達成目標の流れを図式化した工場の

ような「工程イメージ」が作成されています。中学卒業時の英検3級程度以上と高校卒業時の英検準2級〜2級程度以上の取得率を、2017年度に50％、2020年度に60％、2024年度に70％に高めるというのです。

　2014年秋には、大学改革の有識者会議で、上位のグローバル型大学以外は、職業訓練校化して即戦力を身につけさせよとの提案がなされました。このように、教育行政は企業の目先の利益に直結する「人材」教育一元化論に傾斜しつつあります。このことが、英語教育政策の異常なまでの実用・実利主義の根底にあるのです。

●グローバル化＝英語必要論の虚妄
　政府や財界は「グローバル化が進む今日、英語を話せないと落ちこぼれるぞ」という強迫観念を煽っています。たとえば、文科省は「『英語が使える日本人』の育成のための行動計画」(2003)で、「子どもたちが21世紀を生き抜くためには、国際的共通語としての英語のコミュニケーション能力を身に付けることが不可欠です」と述べています。

　しかし、本当にそうなのでしょうか。実は、政策方針の前提となる、こうした現状認識に重大な誤りがあるのです。

　日本人の英語使用実態については、寺沢拓敬(たくのり)氏が大規模な社会統計を駆使して、『「日本人と英語」の社会学』(2015)で明らかにしました。それによれば、仕事で英語を「よく使う」人の割合は、2002／2003年には就労者全体の1.4％にすぎませんでした。「時々使う」も7.9％で、合計しても9.3％だけです。2008年の調査でも、「ほぼ毎日使う」が2.3％、「時々使

う」の 10.9％を合計しても 13.2％でした。つまり、仕事で英語を頻繁に使う人は 1〜2％、「時々使う」を入れても 1 割程度という結果で、約 9 割は仕事で英語を使う必要に迫られていないのです。

次に、時代とともにグローバル化が進み、英語の必要性が増すかというと、これも違います。寺沢氏は、2006 年と 2010 年を比較すると、ほぼすべての業種で英語の使用度が下がっているという衝撃的なデータを明らかにしました（図1）。グローバル化が進むにつれて英語がますます必要になる、という単純な構造ではないのです。

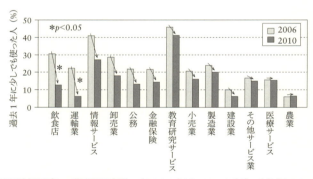

図1　英語使用率の業種別変化（2006 年と 2010 年）（寺沢 2015: 185）

子どもたちは、こうした現実を皮膚感覚で把握しています。まわりの大人が英語を使わないと生活できないような環境に置かれているのであれば、子どもも必死になります。しかし幸いなことに、日本は明治以降の努力によって、教育も仕事も基本的に日本語で行えるのです。そのため、いくら文科省が「英語

のコミュニケーション能力を身に付けることが不可欠だ」と煽っても、子どもたちの実感には合いません。

　ですから英語の先生たちは、「これは面白いよ」「こうやったら楽しいよ」と動機付けをしながら、授業を工夫しているのです。そうやって汗をかいている教師たちの勤務条件を改善し、支援する方策を実施することこそが行政の本務です。

●「世界で戦える」英語教育の歴史

　安倍内閣が2013年に閣議決定した「第2期教育振興基本計画」には、「世界で戦える研究力を有する大学等」「高校段階から世界で戦えるグローバル・リーダー」など、「世界で戦える」人材を育成せよと書かれています。これは「平和で民主的な国家及び社会の形成者」を育成するとした教育基本法に違反する方針です。私たち外国語教員は、世界で戦うために子どもを教育しているのではありません。自分とは異なる言語や文化を持つ人たちを理解し、平和的に共存するために教育しているのです。それが私たちの誇りなのです。

　また、ことばの教育に携わる者として、「世界で戦える」などという乱暴なことばを教育の場に持ち込むことは許せません。そもそも、戦前の英語教育が「世界で戦える」子どもたちを実際に育てたという事実を、どこまで認識しているのでしょうか。この問題は、戦前の英語教科書を開くならば、恐ろしいほどのリアリズムを持って迫ってきます。私は約30年間に集めた数千冊の英語教科書を資料に、『英語教科書は〈戦争〉をどう教えてきたか』（2015b）を執筆しました。その中から、戦争教材の実相をご紹介しましょう。

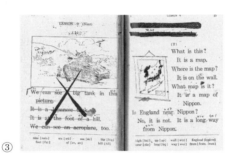

図1　戦前の戦争英語教材

①英語教授研究会 *New Imperial Readers for Primary Schools* 1, 1907
②武田錦子 *Girls' English Readers* 1, 1907
③中等学校教科書（株）の準国定『英語1（中学校用）』1944

　①は、日露戦争（1904–05）直後の1907（明治40）年に文部省の検定認可を受けた高等小学校1年用（現在の小5に相当）の教材です。兵士にコスプレした子どもたちが武器を持ち、日の丸を掲げて凱旋行進をしています。単語を覚えさせながら、戦争賛美を子どもたちに刷り込む教材です。
　②は、同じ年に検定認可を受けた高等女学校1年用（現在の中1に相当）の「戦争ごっこ」の教材です。本文を読んでみましょう。

Soldiers fight.（兵隊さんは戦います。）
We love the Hinomaru flag.（私たちは、日の丸の旗が大好きです。）
Let us play war.（戦争ごっこをしましょう。）
That will be fun!（きっと面白いですよ。）

　1931年の「満州事変」から1937年の日中戦争に至る軍国主義の高まりの下で、英語教科書の戦争教材は増えていきました。たとえば、1932年に検定認可を受けた英作文教科書では、父親が息子に「あなたは彼等のやうな勇敢な兵隊になりますか。（**Will you become a brave soldier like them?**）」と尋ねると、息子は「はい、私は国の為に死ぬつもりです。（Yes, I **will** die for my country.）」と答えます。

　アジア・太平洋戦争末期の1944年に発行された③の準国定英語教科書には、軍人や兵器、日本を盟主とする「大東亜共栄圏」などが盛り込まれています。この時期の中学生の英語学習動機を調べたアンケートには、「敵情をスパイするため」とか「占領地に於ける通訳又は捕虜取調べのため」などという回答もありました。何のための英語かという目的論の大事さと、それを欠いたスキル主義の怖さを痛感させられます。

　戦前の英語教員は、こういう教育をしてきたわけです。でも、遠い過去のことでしょうか。平成の今日、政府は「世界と戦える」グローバル企業戦士を作れと言います。同時に、道徳を教科化して「日本人としての自覚」や「愛国心」を強めたいとしています。まるで「私は国の為に死ぬつもりです」という教育をしていた時代に戻したいかのようです。

ところで、③の教科書には墨が塗られています。戦車や戦闘機を描いたからです。敗戦直後には、こうした戦時的な教材に墨を塗ったり、切り取ったりしました。占領軍の目から戦争教育の証拠を隠すためです。つまり、戦後教育の再出発において最初に行ったことは、過去の真摯な反省ではなく、不都合な真実に墨を塗り、証拠を隠滅することだったのです。

　私はここに、戦後英語教育界の負の遺産があると思っています。みずからの戦争責任を曖昧にしてきたがために、たとえば1988年に日本軍の加害責任に触れた検定済高校英語教科書の教材War（戦争）が与党政治家などの圧力で差し替えられたときにも、英語教育界は十分な反撃ができなかったのだと思います（中村・峯村2004）。英語教師は言語材料や指導技術だけでなく、英語教育を通じていかなる人間を育てるのかという目的論や、そのためにどんな内容の教材を使うのかという題材論に対して、もっと関心を払うべきではないでしょうか。

　ところが近年は、政府や経済界の「使える英語」要求や民間検定試験奨励策によって、英語を技能科目とみなすスキル主義や道具主義が強まっています。このイデオロギーに取り込まれると、「世界で戦うために英語を学べ」とする政府の主張の危険性に気付かなくなります。実際、グローバル人材育成策を公然と批判する英語教育関係者は、あまりに少ないのが現状です。「いつか来た道」に戻ってしまわないかと心配です。

●学理なき反知性主義、予算なき精神主義

　現在の英語教育政策のもう一つの重大問題は、その異常なまでの反知性主義と、空虚な精神主義です。つまり、専門家の研

究を無視し、教育現場での検証も経ず、財政的な裏付けもなしに「英語教育の抜本的改革」が叫ばれているのです。

たとえば、安倍首相が議長を務める産業競争力会議は、「成長戦略（素案）」（2013年6月）に「小学校における英語教育実施学年の早期化、教科化、指導体制のあり方等や、中学校における英語による英語授業実施について検討する」という方針を盛り込みました。恐るべきことに、小中学校の英語教育改革までもが「成長戦略」の一環であり、「世界と戦える人材を育てる」ためだと明記されているのです。

この方針は、教育再生実行会議が同年5月に打ち出した提言と同じもので、同年4月の中教審答申には含まれていませんでした。にもかかわらず、安倍内閣は同提言の内容を盛り込んだ「第2期教育振興基本計画」を2013年6月に閣議決定してしまったのです。

具体的には、現在小学5年生から週1時間実施している外国語活動を3年生に下ろし、5・6年生は成績評価を伴う正式教科にするというものです。しかし、ちょっと待ってください。外国語活動が小5から必修化されたのは2011年度からです。開始からたった2年で成果が検証できるはずがありません。にもかかわらず、今度は小3に下ろし、小5から正式教科にするというのです。小3という学年は理科や社会が新たに加わるなど、指導の難しい学年です。そこに外国語活動を追加すれば、児童にも教師にもたいへんな負担となります。

さらに、予算の問題も見通しが立っていません。小学校英語の早期化・教科化を実現するには14万4千人の担任を研修しなければならず、教科書の準備などを含めると8千億円もの予

算が必要との試算があります。これほどの予算を財務省が認めるはずはなく、またも教員に丸投げし、自助努力を迫るという精神主義で方針を強行しようとしています。

　入門期の英語指導は最も困難ですが、教員への研修計画は貧弱きわまりないものです。全国の小学校は約2万1千校もありますが、国が研修を課す小学校の「英語教育推進リーダー」は2018年度までに全国で1千人だけで、その推進リーダーから研修を受ける「中核教員」は19年度までに2万人（各校に1人程度）にすぎません。残り12万人以上の研修計画は具体化されておらず、大半の教員がまともな研修も受けずに外国語活動や教科としての英語を担当させられるのです。

　さらに、教科としての英語は当初は週3コマの予定でしたが、授業時間の確保が困難なため週2コマに減らし、しかも1コマ分は15分×3回程度の短時間学習（帯活動）で埋め合わせようとしています。これでは学習効果が低い上に、教員の負担が著しく、教科化は実施前から破綻しているといえるでしょう。

　そうなれば、教員の懸命な努力にもかかわらず、教育効果は乏しくなり、親はますます英語塾に通わせるでしょう。すでに小学校外国語活動の実施によって、少子化に苦しむ塾や英会話学校は大きなビジネスチャンスを得ています（「我が子に英語急ぐ親　塾が軒並み活況」朝日新聞2013年5月10日夕刊）。英語の早期化・教科化は、さらに塾市場を拡大させるでしょう。ある経営コンサルタント会社は、英語教育企業経営者向けに「文部科学省の英語教育改革をチャンスに変える！」と銘打ったセミナーを開催しています（図2　船井総合研究所のち

図2　英語教育改革はビジネスチャンス

らし http://www.funaisoken.co.jp/file/pdf_seminar_005605_01.pdf）。

　そうした構図こそが、政治家との癒着の温床となります。小学校英語の旗振り役であり、以前から塾・予備校業界との深い関係が知られていた下村博文文科大臣（当時）は、暴力団関係者もからむ塾業界から違法献金を受けたと報じられました（『週刊文春』2015年3月5日号）。教育再生実行会議のメンバーで、京都の学習塾「成基コミュニティグループ」の佐々木喜一代表も、2012年までに下村氏に計156万円を献金していました。さらに、国際バカロレア機構アジア太平洋地区の理事の坪谷ニュウエル郁子氏も、2011年に法人名義で下村氏に10万円を献金しています（同誌2015年4月2日号）。ちなみに、文科省は成績優秀者を集める国際バカロレア認定校を2018年までに200校に増やす計画です。いったい誰のための英語教

育改革なのでしょうか。

　小学校英語の問題に加えて、さらに理解不能なのは「中学校における英語による英語授業実施」です。多くの反対論を無視して、高校で英語の「授業は英語で行うことを基本とする」という学習指導要領の方針が開始されたのは2013年4月入学の高1からで、学年進行のため2・3年生は対象外でした。にもかかわらず、そのわずか2カ月後には「英語による授業」を中学校に下ろすという方針を閣議決定したのです。教育効果の検証などできるはずもなく、まさに政治の暴走です。

　しかも、現在の世界の外国語教育界では、母語を適度に活用した方が言語習得に効果的であるという研究が主流になっています（江利川・久保田2014）。

　このような学問的・実践的に根拠がない政策を堂々と打ち出すのが、反知性主義の特徴です。いかに荒唐無稽な内容でも、メディアを巧みに利用することで「教育改革に熱心な政権」というイメージを作れば支持率が上昇します。教育の結果が出るのはずっと後ですから、そのころには責任を問われません。

　イメージが第一ですから、「抜本的改革」を2020年の東京オリンピック等の開催に合わせます。その結果、学習指導要領の改訂が通常より2年早まり、教育成果の検証はさらに困難になります。しかし、検証なき決定ほど危険なことはありません。オリンピックのロゴマークは盗作疑惑で撤回されました。メイン会場すら屋根を付ける・付けないで混乱し、設計変更です。反知性主義の教育改革は、学びの屋根が抜けるだけではなく、底も抜けます。その危険性に警鐘を鳴らし続けましょう。

●大学統制と教員養成系学部などの廃止

　学校教育の充実には、教員養成の修士レベル化などの質の向上が不可欠ですが、「日本の教師教育の高度化と専門職化は、国際的に見て二〇年近くも遅れをとってしまった」(佐藤2015)のが現実です。しかし、文部科学省は真逆の方針を出してきました。2015年6月8日、下村文科大臣は全国の国立大学法人に対して、教員養成系や人文・社会科学系の学部・大学院の「組織の廃止や社会的要請の高い分野への転換」を求める通知を出したのです。この方針は各方面からの厳しい批判を招きましたが、文科省は撤回していません。日本の教育と学問研究をどこに持っていこうというのでしょうか。

　安倍流教育再生に代表される反知性主義は、1930年代のファシズム台頭時代の特徴でもありました。そこでは、知性の力で権力に抵抗する大学などの研究者を排撃しました。現在でも、政府・財界主導の英語教育改革への抵抗を排除するために、大学・研究者への圧力を煽る動きが強まっています。楽天の三木谷浩史氏は、2014年6月10日の産業競争力会議で「各大学の裁量の余地を残してしまうと、実質的に進まないということもよくあるため、ぜひ総理の強い指導力で英語教育改革を目指していただければと思う」と発言しています(永井2015)。

　この発言の直後の6月20日に「改正学校教育法及び国立大学法人法」が成立し、教授会から人事権や予算権などの権限を奪い、学長の権限を大幅拡大したトップダウン方式が導入されました。大学の自治を破壊して批判意見を封じ、国策に協力しないならば交付金を削減するという手法を用いています。国立

大学に対する国の運営費交付金は、法人化された2004年度から毎年1％ずつ、10年間で13％も削減され、教育研究に重大な支障が出ています。背に腹は代えられず、軍事研究に手を染める動きも出ています。
　他方、「グローバル人材育成」という国策に沿う大学には手厚い補助金が支給されます。このあと斎藤兆史(よしふみ)さんからお話がありますが、文科省は2014年9月に「スーパーグローバル大学」として37校（大学全体の4.7％）のみを選定し、1校あたり年に数億円を最長10年間支給します。こうした特定大学への重点投資をテコに、グローバル人材育成に政策誘導しているのです。

●自信と希望を失う若者たち

　少数の大学に億単位の予算が重点投資される一方で、2012年度には大学・高専生の7万9,311人が中退しています。「経済的理由」が最多の20.4％で、前回2009年度の調査では第3位だったのですが、3年間で約1万6千人（6.4％）も増加しました。経済格差が拡大する下で、授業料が払えないために、中退を余儀なくされる学生が増えているのです。2014年に発表された日本の「子どもの相対的貧困率」は過去最悪の16.3％で、6人に1人の子どもが「貧困」に追い込まれています。
　こうした厳しい現実にさらされ、自信も希望も失った若者が増えています。政府の『子ども・若者白書（平成26年版）』によれば、日本、韓国、米国、英国、ドイツ、フランス、スウェーデンの7カ国のうち、「自分自身に満足している」と答

えた若者（13〜29歳）の割合は、日本以外の国がいずれも70％を超えていたのに対して、日本は突出して低い45.8％でした。また、「将来に明るい希望がある」と答えた若者の割合も、日本以外の国がすべて80％以上だったのに対して、日本は61.6％にすぎませんでした。

　こうした自尊感情の低さと希望の欠如が、学習意欲を低下させています。試験と競争で自尊感情を奪い、格差と貧困で自信をなくさせ、非正規雇用で希望を失わせる。これが「グローバル人材育成策」の背後で進行している実態です。生き抜く原動力は自信と希望です。この点で、日本は世界から水をあけられています。未来に希望を持てない若者を増やしてしまって、何のための、誰のための「グローバル化」でしょうか。

提案と展望

●私の提案

　私たちは、政策に文句を言いますが、対案も出すというのが基本姿勢です。私は4点に絞って提案します。

　（1）エリート育成に特化したグローバル人材育成策は、全員の学びを保障する学校教育とは原理的に相容れず、これを劣化させる危険な政策であることを共通認識にしましょう。学校教育をグローバル企業の下請けにしてはなりません。グローバリズムが超国家企業による地球規模での収奪システムであることを明らかにし、世界の民衆と連携しながら、グローバル資本への規制と課税の強化、言語と文化の対等平等性の保障、各国の国民教育・民族教育の擁護を求めましょう。そうした国際的

な連帯のためにこそ、外国語教育は必要なのです。

　当面、「反グローバリズム」教材の開発が急務です。たとえば、立教大学ESD研究センターの「教材シリーズ」には「世界がもし100人の村だったら」などの優れた教材例が掲載されています。これらを参考に、少数民族の言語と文化の危機、児童労働などの途上国搾取と環境破壊、富の集中と格差拡大、戦争・紛争とその原因、それらに抵抗する人々の活動など、世界の現状と展望を考えさせる教材を開発・普及させましょう。

　(2) 日本の学校が育成すべきは、アメリカ型のビジネス本位で英語一辺倒指向のグローバル人材ではなく、欧州型の複言語・複文化主義に基づく、国境を越えた民主的市民ではないでしょうか。中国、台湾、韓国、ベトナムなどとの人的・経済的な交流が著しく高まっている今日、「東アジア共同体」の創設を視野に入れた、地球市民の育成をめざすべきです。そのためには、英語一辺倒主義を脱却し、周辺アジア諸語を含む複言語・複文化主義へと転換しなければなりません。

　(3) 外国語教育政策の策定にあたっては、政府や財界からの介入を排し、私的諮問機関の権限を縮小させ、専門家と学校教員の意見を尊重させましょう。専門家の選定は学会などに推薦を求め、経歴や業績などを厳格に審査し、議事録等にもとづく第三者評価を実施させましょう。とりわけ、文部科学省の教科調査官や視学官などに就く人物には修士・博士レベルの高い専門能力を必須条件としましょう。内閣による恣意的な政策に歯止めをかけるため、政府の教育振興基本計画は国会の議決を必要とし、将来的には教育行政から独立した専門家集団からなる教育政策の立案・実行機関を設置しましょう。

（4）当面まず、教師主導の一斉講義型授業を協同学習に転換しましょう。4人程度のグループでお互いが学び合い、異なる考えを尊重し合うことで、民主的で自律的な学習者を育てましょう（江利川2012）。次期学習指導要領の改訂に向けた文科大臣の諮問（2014年11月）には、「課題の発見と解決に向けて主体的・協働的に学ぶ学習（いわゆる「アクティブ・ラーニング」）や、そのための指導の方法等を充実させていく」という方針が盛り込まれました。しかし、上からの押し付けは副作用も多いので、自前の授業改革を進めましょう。

●英語教育政策批判の広がり

　いよいよ最後になりますが、私たちに希望を与えてくれる新たな動きも起きています。私たちの訴えが、英語教育関係者以外にも確実に広がっているのです。日本を代表する思想家の1人で歴史社会学者の小熊英二氏は、論説「政策決定の背景　拙速に進む英語教育」（朝日新聞2015年5月19日夕刊）で、私の論文（江利川2015a）を紹介しながら、鋭い英語教育政策批判を展開しています。さらに、政治学者の施光恒氏は『英語化は愚民化』（2015）で、私たちの主張を援用しながら、グローバル人材育成に名を借りた極端な英語偏重策や、英会話重視、翻訳の軽視、新自由主義者の狙いなどに厳しい批判を加えています。また言語学者の永井忠孝氏も『英語の害毒』（2015）で同様の鋭い問題提起をしています。

　また、私たち4人組のブックレットなどを読んで英語教育政策に疑問を抱き、批判的に研究したいからと、私の所属する大学院への進学を希望する学生が増えています。さらに、集団的

自衛権の行使のための安全保障法制に反対する運動にも、大学生や高校生が多数加わるようになりました。英語教育が政治問題となった今、18歳で有権者となる若い世代の政治意識の目覚めに大いに期待したいと思います。

　日々の仕事に追われつつも、まともな外国語教育にするために、私たちは確固たる理念や理論を持ち、実践で検証し、理想に向かって進みましょう。

参考文献

江利川春雄編著（2012）『協同学習を取り入れた英語授業のすすめ』大修館書店

江利川春雄（2015a）「『グローバル人材育成』論を超え、協同と共生の外国語教育へ」『現代思想』4月号、青土社

江利川春雄（2015b）『英語教科書は〈戦争〉をどう教えてきたか』研究社

江利川春雄・久保田竜子（2014）「学習指導要領の『授業は英語で』は何が問題か」『英語教育』9月号

大谷泰照（2015）「『大学の国際化』と『グローバル人材の育成』：グローバル化を説く側のグローバル化」井村誠・拝田清（編）『日本の言語教育を問い直す：8つの異論をめぐって（森住衛教授退職記念論集）』三省堂

佐藤学（2015）『専門家として教師を育てる：教師教育改革のグランドデザイン』岩波書店

施光恒（2015）『英語化は愚民化：日本の国力が地に落ちる』集英社新書

寺沢拓敬（2015）『「日本人と英語」の社会学：なぜ英語教育論は誤解だらけなのか』研究社
永井忠孝（2015）『英語の害毒』新潮新書
中村敬・峯村勝（2004）『幻の英語教材：英語教科書、その政治性と題材論』三元社
立教大学 ESD 研究センター「教材シリーズ」（2012 年度に ESD 研究所に移管される前の旧サイト http://www2.rikkyo.ac.jp/web/esdrc/products/product2.html 2015 年 6 月 1 日検索）

グローバル人材から
グローバル市民へ

鳥飼玖美子

　はじめまして。鳥飼玖美子です。本日は中京大学にお招き下さり、どうもありがとうございました。
　私の講演では、日本というコンテクストで英語教育がどのような存在なのかを、まず教養教育という視座から考えてみます。次に「グローバル人材」に代る目標として「グローバル市民」という新たな視点から、英語教育のあり方を摸索してみたいと思います。

日本的現象としての「国際教養学部」

　高等教育機関である大学という場での英語教育は、教養教育の一環として位置づけられています。そして最近は、「教養」に「国際」という言葉を冠した「国際教養学部」が増えています。国際教養学部とは一般的に、国際学部と教養学部を合わせた教育内容を有し、異文化理解に関わるような学際的な教育を行うと同時に、リベラル・アーツ教育を特色としています。
　「国際教養」という名前が一般的に定着したのは2004年だと言われています。その年、中嶋嶺雄さん（元・東京外国語大

学学長）が秋田県に国際教養大学を設置、早稲田大学では国際教養学部が開設されました。上智大学は、1949年設立の国際部（International Division）を比較文化学部と改組した後、2006年に国際教養学部と変更、中京大学は2008年に教養部を国際教養学部として改組したと伺っています。各大学が競って開設した国際系学部の多くは、講義を英語で行うことが大きな特徴となっています。上智大学国際教養学部では、母体となった国際部が主として米国などの外交官や軍関係者などに対して英語による高等教育を受ける機会を提供していた経緯から、英語で国際教養教育を行っています。早稲田大学国際教養学部でも、学生の三分の一が日本国外から来ており、教授陣の三分の一も外国出身であることから、授業のみならず入学式も英語で行うなど、徹底しているようです。他には二言語併用もしくは多言語志向の大学も少数ありますし、中京大学の国際教養学部では、英語教育は重視しつつも、講義は基本的に日本語で行い理解を定着させることを目指していると伺いました。

「国際教養学部」の英語名称は、School of International Liberal Studies（中京大学、早稲田大学）、Faculty of International Liberal Arts（創価大学）などですが、上智大学は日本語の「国際教養学部」という名称から「国際」を外し、英語では Faculty of Liberal Arts（教養学部）としています。

欧米では実際にどう呼ばれているのかを調べてみたところ、liberal arts college は多数あるものの、international という英語を付けた大学や学部は検索しても出てきませんでした。東南アジアで international liberal arts を謳っている大学が一校あったくらいで、「国際教養」大学や「国際教養」学部は、日

本的な発想から生まれた、日本的な現象と言えそうです。

教養教育とリベラル・アーツ

　「国際教養」学部の英語名称から判断すると、その教育内容の根幹となっているのは、リベラル・アーツであることが分かります。

　本来、「リベラル・アーツ」と「教養」は、歴史的に異なった概念です。「リベラル・アーツ」は中世の大学教育における自由7科目（文法学、修辞学、論理学、代数学、幾何学、天文学、音楽）を指し、「教養」はドイツの大学で生まれた"kultur"「文化＝教養」の概念に端を発しているとされます。

　日本学術会議が2010年に出した提言『日本の展望：21世紀の教養と教養教育』では、教養とは何かを定義することは容易ではないと認めつつ、教養は「人間性や知的・文化的豊かさ（素養・品位）に関わる概念」であり、「教育や豊かな文化的経験を通じて育まれるもの」（p.9）であると説明しています。その上で、「大学は、この教養の形成を中核的な役割の一つとして発展してきた。その役割は、『リベラル・アーツ（liberal arts）』を核とする教養教育（liberal education）として概念化され、専門教育と並んで大学教育の中核的要素とされてきた」としています（p.iii）。

　アメリカの高等教育において、リベラル・アーツ・カレッジ（liberal arts college）は重要な存在で、1828年にイェール大学が、The Yale Report を出し、「アメリカの高等教育の方向性」として、「知の基盤」を与えることを打ち出しました。

リベラル・アーツ教育の具体的な内容としては、「人文学系」（歴史学、哲学、文学、宗教学など）、「社会学系」（心理学、政治学、経済学など）、「自然科学系」（生物学、化学、物理学など）と「数学」（自然科学に入れず、独立して扱う場合があります）及び「外国語」を幅広く学びます。アメリカ型リベラル・アーツ・カレッジの特徴は、少人数で討論を行いながら批判的思考（critical thinking）を培い、問題解決能力とコミュニケーション能力を育成することに集約されます。

日本における教養教育：無用論から再構築へ

　日本での教養教育は、アメリカの影響を受けて、「民主的市民の育成」（海後宗臣・寺崎昌男1969）を目標として導入されたといわれ、具体的な教育内容は、人文科学、社会科学、自然科学の三系列で構成するものとされています。

　ところが、この「教養」は、一時、日本では無用な存在とされました。

　日本の高等教育では長いこと、文部科学省による大学設置基準で大学のカリキュラムが定められ、最初の2年間は教養教育を行うとされていました。しかし1991年の大学審議会で、大学が自由で多様な教育を行うため設置基準を緩和する「大学設置基準の大綱化」が提言されました。教養教育についての判断は各大学に委ねられ、結果として、「2年間も一般的なことをあれこれやることもなかろう。役に立つ専門教育を1年生から始めたらいい」と、多くの大学で教養教育は形骸化あるいは廃止されました。外国語教育も単位数を大幅に減らすなどの改革

が断行され、大学英語教育学会（JACET）会長を務めた田辺洋二・早稲田大学教授は生前、この動きを「英語教育の非効率を批判する社会全体からの鞭」と見ていました（田辺2003: 19）。

　それが10年もたたないうちに、これは拙い、という意見が出てきました。学生を社会に送り出したときに、専門知識があるだけでは役に立たず困ることが分かったのです。社会人には専門分野の枠を超えた「知の基盤」というべきものが必要で、これこそ大学が学生に与えなければいけないものだとなり、中央教育審議会は、大綱化から約10年を経た2002年に、『新しい時代における教養教育の在り方について』を答申し、大学における人材育成のために教養教育の再構築が喫緊の課題だとしました。

　日本学術会議は、2010年「日本の展望―学術からの提言2010」の中で、大学が生涯学習社会における市民のための教育機関という役割を担っていることを前提に、多様な教養教育のあり方を探求することを求め、例として「グローバル化の進展に伴う異質な文化や他者への理解において求められる国際的・人類的視野での教養、あるいは生命科学等の飛躍的な発展と人間存在をどのように理解するかという科学と価値観とをつなぐ教養など」（p.17）を挙げています。

　さらに、「現代市民の知的基盤としての教養と教養教育のあり方、および学術の拠点としての大学における人材育成のあり方の再構築」が求められているとして、三つの視点を挙げました。

1）個々人が自由に思考し実践する、その主体性と自律性を尊重することと、その主体性・自律性に基づく教養教育の豊かなあり方を構想し実現すること。
2）個々人の尊厳・個性とその多様性を尊重し、同時に、多様な他者や社会に依存しつつ共生・協働する存在であることを認め、そして、その依存性・共生性・協働性を前提としつつ、多様化する学生の様々なニーズや課題に対応しうる教養教育のあり方を構想し実現すること。
3）知の公共性（言語の公共的使用を含む）を前提とし、専門分化し高度化する科学・学問知を越境し融合する知性、市民社会の諸活動に参加し、その活性化と課題解決に取り組み協働する実践的知性としての教養、およびその形成に資する教養教育のあり方を構想し実現すること。　　　　　　　　（日本学術会議 2010: 17–18）

「主体性と自律性」「多様性と協働性」「学問知を融合する知性と実践的知性」に約言できる「市民的教養」の三つの視点は、そのままグローバル時代の市民性に求められる資質に繋がります。

なぜ教養教育が必要なのか

　なぜ教養教育なのか、ということについて、思想家の内田樹さんが、専門教育だけを受けた学生が使い物にならないのは当然だと、穿ったことを言っています。「専門家」というのは、

「他の領域の専門家」とのコラボレーションではじめて使い物になるのだけれど、ある特定の専門分野しか知らない人間は、自分の分野が「役に立つ」ことを当たり前だと感じてしまい、自分が何をしているのかということを俯瞰的な視点から眺め、それについて他の分野の専門家とコミュニケーションするという訓練を受けていない。「自分が何を知っており、何を知らないのか、何を知らなければならないのかについて俯瞰的に見ることのできる力、それが本来の知性のかたちであり」、リベラル・アーツ教育はそれをめざしているというのが内田さんの見解です（内田2011）。

　「教養教育の目的」について、内田さんは、もう一つ重要な指摘をしています。教養は知識ではなく、「知識の一歩手前の、知性を活性化させるための技術」だと言うのです。これが「リベラル・アーツ」で、教養とは「人を自由にする知の技術」だというのが内田さんの定義です（内田2011）。人間は、誰しも知性の根っこを持っていますが、活性化しない限り、それは眠ったままで、それを活性化するのがリベラル・アーツであり、教養教育の目的は、「知性の活性化」ということになります。

　では、どうやって教育で「知の活性化」を実現するのか。内田さんは、教師の創意工夫を要請します。学生たちが、もっと知りたい、もっと議論したい、と思うように知への意欲を持たせるのが教育ですが、内田さんは、その観点から、教師の仕事とは「あらゆる手立てを尽くして、学生に知的に前のめりになってもらう」ように導くことだと主張し、大学教員として学生を指導した経験から、「自分の目の前で、それまで停止していた学生たちの思考が、あることをきっかけに一斉に動き出

し、突然自分でものを考えだし、自分の言葉で語りだし、自分のロジックを作り出していく瞬間を何度も見てきました」と語ります。確かに、内田氏の言葉を借りれば「知的なブレイクスルーを経験した学生たち」は、後は放っておいても「自律した学習者」として自分で勉強するようになります。

「自律した学習者」については、後でも触れますが、つまり、どうやって学生たちの「意欲を喚起」するかが、教師の課題です。「学びたい」という意欲さえ生まれれば、あとは自律的に学習することが可能になるのですが、それには動機付け（motivation）が必要で、これがままならない。動機付け研究は心理学分野でも相当になされていますが、動機付けが決め手となることは分かっても、何が動機付けになるかというのは、諸説あるものの、決定打はないようです。その点を内田さんは、「打率」という比喩を使って説明します。

> 学生たちの知性のかたちはまことに個性的です。どういうきっかけで知性が活性化するか、教師には予測ができない。もちろん、経験的に「こうやれば、わりとうまくゆく」という方法はあります。でも、それはあくまで「打率」にすぎない。野球と同じで、よくて3割。7割の学生は反応してくれない。だから、ありとあらゆる働きかけが用意されなくてはならない。その目的に焦点化して行う教育のことを「リベラルアーツ」と呼ぶのだと僕は思っています。別に総合的な科目があり、総合的に勉強することがリベラルアーツではない。リベラルアーツというのは目的のことです。学生たちのさまざまな知的なポテンシャル

を標的にして、さまざまな働きかけをしてゆく。

　　　　　　　　　　　　　　　　　　　　　（内田2011）

　知性や知は、情報や知識の集積ではありません。もっと知りたいという関心から意欲が生まれ学生の知性が動き出すことが教養教育の目的であり、それが成功すると、学生たちはやがて自分でものを考え、自分の言葉で語り出す。これは、まさに教育の本質です。これこそが実は、グローバル時代に求められる教養教育ですが、それは外国語教育、とりわけ英語教育とどのように関わるかが問題です。

　外国語教育は、教養教育の一環ですが、英語教育の場合、1974年から75年にかけて平泉渉・参議院議員と渡部昇一・上智大学教授との間で闘われた「実用のための英語か、教養のための英語か」という「英語教育大論争」（鳥飼2014を参照）が象徴したように、常に実用と教養の間を揺れ動き、現在は、教養ではなく、実用としての位置が定まった感があります。教養教育の一翼を担いながら、英語教育だけは教養教育の目的から逸脱し、会話技術の指導に終始しているのが現状と考えられ、それが英語教育の内実を貧しいものにしているのではないでしょうか。

　グローバル時代においては、知の活性化を促す主体性や、多様性の中での協働など、教養教育の本質が重視されるべきであるのに、英語教育の教養的側面が弱体化していることに、現在の課題があることを、グローバル化に絡めて、次に論じたいと思います。

国際化とグローバル化

　一時期の日本では「国際化」が重要課題とされ、目指す人材像は「国際人」でした。現在は「グローバル化」が時代のキーワードとなり、目指す人材像は「グローバル人材」です。「国際人」も「グローバル人材」も英語に該当する言葉はなく、いずれも極めて日本的な概念です。「国際化」と「グローバル化」——この二つの言葉の違いについては、冒頭で野村さんが論じられた通りですが、日本学術会議では 2012 年 11 月に、「大学教育の分野別質保証のための教育課程編成上の参照基準」を言語・文学分野で策定した際に、英語の国際共通語としての機能に関連して「国際化」と「グローバル化」について、次のような定義づけを試みました。

> 　国際共通語としての英語の修得は、制度的・文化的多様性を平準化して、単一の尺度で物事を進めようとするグローバル化への対応である。一方、国際化は、制度・慣習・言語・文化等を異にする国（地域）同士あるいは人間同士の相互理解、差異を認めた上での相互尊重の上に成り立つ。外国語の学びは、そのような世界の多様性の認識の鍵である。　　　　　　　　　　　（日本学術会議 2012: 18）

　「言語・分野での参照基準」文書では、その前提に基づきながら、世界の現実は「グローバル化と国際化の双方が進展している」ので、第一言語としての日本語の中に閉じこもっていることはできず、「グローバル化に対応する英語の他に、少なく

とももうひとつ外国語を学ぶことが、異文化の理解を深めるにとどまらず、多様な世界観を獲得するためにも不可欠である」と結論づけています。

　グローバル化、いわゆるグローバリゼーションは、標準化を志向し、単一の尺度でものごとを進める動きであり、英語はその中で共通語としての役割を果たしているわけです。ところが興味深いことに、世界では、グローバル化に伴う標準化が進むのと同時進行で、多様化も進んでいるのです。これは、国際共通語としての英語の存在と平行して、日本を含む各国において多言語／多文化共生を迫られ通訳翻訳の重要性がこれまで以上に増している実情と合致しますし、異文化摩擦が根底に潜む人種間対立や民族紛争の多発で明らかです。

グローバル人材

　さて、グローバル化時代に目指すべき人材像として、日本政府は2012年に「グローバル人材育成戦略」を打ち出しました。「グローバル人材」の要件には、第一に「語学力・コミュニケーション能力」が挙げられ、その後に「主体性・積極性、チャレンジ精神、協調性・柔軟性、責任感・使命感」、最後に「異文化に対する理解と日本人としてのアイデンティティー」が入っていますが、全体を通読すれば、「実践的な英語教育の強化」「英語の外部検定試験を活用した英語・コミュニケーション能力到達度の把握・検証」など英語教育に関する言及が大半を占めることから、「グローバル人材」には英語力が必須であると考えられていることが明白です。

2014年には、大学において「スーパーグローバル大学」、高校においては「スーパーグローバル・ハイスクール」が指定されるなど、「グローバル人材育成」は、まさに日本の教育全体を牽引するスローガンとなっています。「スーパーグローバル」という不思議な和製英語が使われていることの是非はともかく、国家をあげて育成しようとしている「グローバル人材」とは、いわば世界に出て行って闘う企業戦士であることが、政府文書を読むと明らかです。

> 　グローバル人材の育成・活用の必要性を最も痛切に感じているのも、経済社会が中長期的に活性化することで直接のメリットを享受するのも、人材を採用する企業等の側である。　　　　　　　（「グローバル人材育成戦略」2012: 20）

　換言すれば、企業にとって必要な人材を育成するために教育が存在する、と看做されているのが現在の日本だといっても過言ではありません。すぐに役立つ即戦力としての英語を要請され、目に見える成果をTOEFLスコアなどの数値で求められているのが現在の英語教育であるならば、「知の基盤」を追求する教養教育から離れていくのはやむをえないともいえます。
　しかし皮肉なことに、長い目で見ると、これはグローバル時代に通用する人材の育成には繋がりません。その点を、「グローバル市民」という概念を通して、説明してみます。

グローバル市民性

　国連やユネスコは、近年、「自分の持てるものを生かして、地球社会に貢献できる人材を育てなければいけない」という文脈で、「グローバル市民性」（global citizenship）を提唱しています。ここでの「グローバル」は、普遍性ではなく、「多様性に満ちた地球社会（の市民）」という意味で使われていますので、先ほど紹介した日本学術会議の用語では「国際性」に近く、持続可能な社会という面からいえば「多文化共生」と軌を一にしています。

　これは、日本政府によるグローバル人材育成とは全く発想が違います。グローバル人材は、日本企業のために世界で闘う人材というイメージが濃厚ですが、グローバル市民は、闘うのではなく、地球社会に貢献するのです。人類の未来が持続可能である為には、文化が異なり言語を異にしながらも、多文化・多言語が共存していくことが必須であり、その中で自分なりの貢献ができる人間が「グローバル市民」なのです。

　「グローバル市民」の条件には、四つあると考えています。

　（1）自らの「アイデンティティ」をしっかり持っていること。自分が何者であるかを知っていることは、自律性の涵養への第一歩であり、他者理解の出発点です。

　（2）「異質性に寛容」であること。

　自分とは違う他者を理解することは難しいのですが、少なくとも違うということを認め、折り合いをつけようとする寛容な気持ちが欠かせません。これがあって、はじめて異文化に心を開き理解しようとする姿勢が生まれます。

（3）ことばを通して他者と関係構築ができること。

今の日本では「コミュニケーション能力」という用語は聞き飽きた感がありますが、私がグローバル市民にとって必要だと考えている「コミュニケーション能力」は、言葉を通して人との「関係を構築する」ことができる能力を指しています。

（4）「教養人」であり、かつ「専門性」を持っていること。

専門性はあっても教養はない、教養はあっても専門がないということではなく、教養を持ちつつ専門も持っている、つまり、得意なものを一つ持っているということです。「ここは私にお任せください。私は、これで世界の人びとの役に立ちます」という「何か」を持つということです。

こういう四つの要件を満たすためには教養教育が必須です。そして、コミュニケーション能力には、母語と同時に外国語能力も含まれます。外国語能力は、英語能力だけではありません。現代社会はグローバル化しているだけでなく、グローバル社会の実態は多様性であり、多言語であり多文化であることは、先ほど説明しました。グローバル市民として地球社会に貢献する為には、英語以外にもうひとつの外国語を習得し、異文化への窓を増やすことが求められる所以です。

グローバル市民を目指す言語教育

多言語社会で相互理解をはかるという意味で参考になるのは、ヨーロッパで提唱されている複言語主義（plurilingualism）です。

これは、自分の母語以外に少なくとも二つの言語を学習する

ことによって、言語同士が相互の関係をつくり、新しいコミュニケーション能力をつくっていく、という言語教育観です。それぞれの言語をバラバラに学ぶのではなく、母語を基盤にしてひとつの言語（たとえば英語）を学んだら、次に別の言語を学ぶ。母語以外の言語を学ぶことによって相互理解を深め平和を守ることが最終目的ですが、同時に、複数の言語を学ぶことにより豊かな言語世界を自分の中に作り上げることも意味します。

　今の日本では、「平和」を語ることが減り、ましてや、外国語学習の目的が相互理解を通した平和構築というのは、ずいぶん理想主義的な印象になりますが、ヨーロッパは過去2回にわたる世界大戦を忘れていません。あのような世界大戦を二度と再びヨーロッパで起こしてはいけないという強い意識をいまだに持っており、それが新しい言語教育を模索するエネルギーになっているようなのは慧眼に値します。

　複言語主義では、母語以外に二つの「言語」を学ぶことを推奨します。「外国語」とは言っていません。もちろん英語ではありません。つまり母語以外の言語なら何でもいいのです。外国の言葉でも良いのですが、自分の国に存在する少数言語を学ぶことも大切であるとされます。母語以外の言語を二つ学ぶことによって、自分とは異なる世界や世界観を知り、そこから相互理解が始まるということを目指しているのが複言語主義です。

　複言語主義には、もうひとつ重要な理念があり、それは「言語学習は学校教育の場だけでは終わらない」「言語は生涯にわたって学び続けるものである」という信条です。従って、言語を教える教員の責任は、「自律性の涵養」です。一人一人の学習者が、学校を卒業した後も自力で学び続けることができるよ

うに自律性を身につけさせることが、教師にとって最も大きな役割です。その他にも、「理想的母語話者を最終的な目標にするべきではない」という考えも複言語主義の理念のひとつです。

　この複言語主義を具体化するために、ヨーロッパは、「欧州言語共通参照枠」を作り上げました。Common European Framework of Reference for Languages の頭文字を取って、CEFR と呼ばれます。複言語主義で二つ以上の言語を学んでも、どの程度まで何を学んだか、どの言語がどのくらいできるようになったかを評価できなければ、学校現場や就職などで参照できないということで、40年をかけて評価の枠組みを創出したのが、CEFR です。

　この参照枠の特徴は、どのような言語にも使える共通の尺度であることです。例えば TOEFL や IELTS などは英語力だけを測定し、フランス語やドイツ語には別の検定試験があり、相互の関連はありません。しかし CEFR は、言語を問わずに使えるのが利点です。

　もう一つ大きな特徴は、4技能ではなく5技能を測定することです。4技能とは、「聞く」「読む」の受容能力と「書く」「話す」という発信能力です。ところが CEFR では、「話す」技能を2種類に分けています。スピーチや発表など一方的に話す oral production とは別に、相互にやりとりをする interaction も評価します。「やりとり」は、は相手の反応を予測できないコミュニケーション活動ですので難易度が高いのですが、現実のコミュニケーションの多くが「やりとり」という対話であることを考えれば、独立した技能として扱うことは理にか

なっています。

　付け加えれば、CEFRでは、技能ごとの評価が異なることを当然だと考えます。検定試験は通常、総合的なスコアが提示されますが、CEFRでは各言語の評価が5技能別に分かります。学習者の言語能力にはデコボコがあるのが自然で、話す力はこのくらいのレベル、読む力はもう少し上のレベルだとか、聞くことはこの程度でも、書くことはこのレベルなど、いろいろです。それを学習した言語について記載すれば就職の際に採用側にとって参考になるという実際的な用途もあります。

　さらにCEFRは、客観評価だけでなく、自己評価もできることが重要な点です。能力記述（Can Do descriptors）といって、ある言語で何ができるかを文章で記述するのですが、その際に必ず「できること」（can do）に着目し、できないことには触れません。「私は、これができるから、この言語のこの技能では、このレベル」ということになります。これは、学習の成果を見るための緩やかな評価の尺度です。

　日本では、このCan Doが、いつの間にか到達目標になり、「これができるように頑張りましょう」というCAN-DOに変質しました。評価の尺度に過ぎないものを、到達目標にしてしまうと、目指す目標の達成が至上命令となり、教育そのものが歪んでしまうことが懸念されます。例えば、学習した成果を測るためのTOEFL/TOEICなどの英語検定試験が目的と化し、英語教育がTOEFL受験準備講座となってしまう状況は、日本の多くの大学で起きています。教育の目標は各教育機関が策定するべきことで、それを目指して学習した結果を評価する為に用いるのがCEFRという評価の尺度です。これを正しく使え

ば、教育成果を検証し改善を図ることが可能になりますし、CEFRの根底にある言語教育観を学ぶことは、英語教育の改革に資するはずです。

グローバル市民としての英語

　グローバル市民として忘れてならないのは、まず、英語は数多ある外国語の中の一つである、という点でしょう。英語さえできるようになれば、グローバル市民になれるわけではなく、何よりも世界の多様性、人間の多様性、言語と文化の多様性を認識するところから英語教育が始まると考えています。

　一つの外国語を学ぶと、異文化への窓が一つ増え、見える世界が広がるという視角から英語の役割を考えれば、英語学習の目的は、多文化共生を可能にするためのコミュニケーションになります。換言すれば異文化コミュニケーションのための英語教育ですが、これは当たり前のこと、自明のこととされながら、実際のカリキュラムを見ると、異文化コミュニケーションよりは英米文化の理解に終始していることが多いようです。むろん、英語の背景に潜む文化を学ぶことは意味があり、言語と文化が切り離せないことに思いをいたせば、英米文化と英語教育は不可分と考えるのは当然です。

　ただ、グローバル市民が駆使する英語は、英語圏の人間だけを対象にしたものではなく、さまざまな言語を母語とする世界の人びととのコミュニケーションのためであることを考えれば、学ぶべき英語は国際共通語としての英語であり、その目的は異文化コミュニケーションにあります。これは誤解されるこ

とが多いのですが、異文化コミュニケーションというのは、個別言語を対象にしたコミュニケーションではなく、もとより英語コミュニケーションを意味するわけではありません。そうではなく、異質な文化を背景に持つ多様な人びととの関係構築が異文化コミュニケーションです。異なる価値観や世界観が相対した際に、どのような葛藤や摩擦が生起し、それをどう克服するかという課題は不可避です。世界をどう切り取って解釈するかというのは、自分が生まれ育った文化が内包する価値観や信条に左右されるのは避けられず、しかもこれは自らが意識しているわけではありません。そこに異文化理解の難しさがあるわけです。英語を含めた外国語教育の難しさも、この点にあります。

　異文化同士の違いを認めたうえで、何とか折り合いをつけるためには、コミュニケーション能力が不可欠になります。自分だけが我慢して譲歩し相手に合わせるのではなく、自分の考えが相手に分かるわけがないと諦めるのではなく、ましてや自分の考えを押し付けるのでもありません。互いに相手の異質性を尊重し、何とか歩み寄ろうとするのがコミュニケーションです。自分の考えを順序立てて論理的に説明して、少しでも理解してもらおうと努力し、相互に歩み寄ることがコミュニケーションであり、そのような努力を傾注できることがコミュニケーション能力だと考えます。

　そして、そのような他者理解へ向けてのコミュニケーション教育が英語教育の目的であると考えれば、英語教育のあり方は自ずと方向性が見えてきます。そのいくつかを以下に列挙してみます。

● 自律した学習者を育てる

　グローバル市民に求められる「主体性と自律性」は、教養教育の根幹であり、言語教育の指針でもあります。どのような科目も自らの意欲がなければ学びえませんが、特に言語は自分で学ぼうとしない限り決して習得できません。加えて、言語というのは生涯を通して学ぶものであり、学校を卒業した後も自らの力で継続して学ぶことを可能にする自律性が不可欠です。

　考えてみれば、外国語を学習するというのは常に自らのアイデンティティと異質性との関係を省察せざるをえないことから、英語を学ぶことで自分自身を見つめ直すことになり、これは主体性の涵養につながります。

　英語学習を通して、自分自身の学習方略を模索するなどの努力を通して自律性を培うことは、自分の頭でものを考える力を養うことになります。これは即ち、教養教育が目指す「知の活性化」にほかなりません。

● 多様性を生かす協同学習

　「個々人の多様性を尊重する」と同時に、「多様な他者と協働する」ことは、グローバル市民として不可欠な資質であり、これは例えば、英語教育に協同学習を取り込むことで学ぶことができます。英語の教室が、異なる能力を持つ多種多様な学習者が協働して学ぶ異文化空間となることで、コミュニケーション能力の育成の場となりえるからです。

　言語能力は、そもそも個人差が大きく、1人の個人であっても、技能により能力が異なります。その意味では、ひとつのクラスにさまざまなレベルの能力を持つ学習者が混在すること

は、教師にとって教えにくい面はあるにしても、協同学習アプローチにより、学習者同士が、得意分野では仲間を助け、不得意分野では助けてもらう、ということが可能になり、受け身ではなく能動的なアクティブ・ラーニングが可能になります。これは即ち「問題解決に取組む実践的知性」という教養教育の目標であり、そのままグローバル市民の要件でもあります。

●内容と言語を統合する
　「異なる分野を越境し融合する知性」という教養教育の視点は、英語教育とは無関係なように思われますが、最近の外国語教育で試行されている「内容と言語の統合」というアプローチは、まさに異分野を融合しようという試みです。
　これまでの外国語教育が、さまざまな教授法を経験しながら、思うような成果を出せずにいたのは、対象とする「言語」だけに焦点を当てて教えようとしていたことに問題があるのではないか、という反省のもとに登場したのが、学習対象の外国語を使って内容を学ぶことで、付随的に外国語能力の伸長を図る指導方法です。
　簡単に言ってしまえば、「面白い内容に引きずられて、気がついたら英語も学んでいた」というのが理想になるわけです。これは、言うは易く行うは難しで、学んでいる外国語と内容のバランスを考えないと、学習者は英語を学習しているのか、何をやっているのか分からなくなってしまいかねません。体系的に指導することが難しいという課題もあります。
　しかし、基礎力を身につけた後の大学レベルの英語教育であれば、特定のテーマ（内容）を学ぶことで、英語習得を深める

ことが可能です。「内容」(content)、「コミュニケーション」(communication)、「認知＝論理的思考力」(cognition)、「協同学習」(community)、「文化」(culture) を組み合わせ、内容を学ぶことで外国語学習に意味を与え、学習者が既に持っている知識と関連づけて外国語学習を促進することが狙いです。

グローバル市民に必要なのは、論理的思考を基に内容のある意見や主張を異なる文化的背景を持つ人びとと交わすことができるコミュニケーション能力です。これは教養教育が目指す能力でもあります。スキルに終始するのではない、内容のある英語教育が求められる所以です。

こうしてみると、グローバル市民の育成は、教養教育と重なる部分が極めて大きく、英語教育を教養教育の一環として再考することは、グローバルに生きるための知の活性化にほかならないと感じています。

参考文献

Council of Europe. (2002). *Common European Framework of Reference for Languages: Learning, teaching, assessment.* ［吉島茂他訳（2004）『外国語の学習、教授、評価のためのヨーロッパ共通参照枠』Council of Europe. 朝日出版］

グローバル人材育成推進会議（2012）「グローバル人材育成戦略」（グローバル人材育成推進会議審議まとめ）日本政府官邸発表文書

海後宗臣・寺崎昌男（1969）『大学教育』第9巻「戦後日本の教育

改革」東京大学出版会
日本学術会議（2010）「日本の展望─学術からの提言 2010」
日本学術会議（2010）「提言　日本の展望：21 世紀の教養と教養教育」
日本学術会議（2012）「大学教育の分野別質保証のための教育課程編成上の参照基準　言語・文学分野」
田辺洋二（2003）『これからの学校英語─現代の標準的な英語・現代の標準的な発音』早稲田大学出版部
鳥飼玖美子（2014）『英語教育論争から考える』みすず書房
内田樹（2011）『追手門大学講演録』（内田樹の研究室ブログ 2012、http://blog.tatsuru.com/　2015.6.10 検索）

「グローバル時代」の大学英語教育

斎藤兆史

「(スーパー) グローバル化」政策

　皆さん、こんにちは。東京大学の斎藤兆史です。今日は「『グローバル時代』の大学英語教育」という題で話をさせていただきます。昨今の英語教育では、一時の「コミュニケーション」に代わって「グローバル」がキーワードになりつつありますね。

　「グローバル」と「英語教育」の二つの言葉をつなげたものとしてすぐに想起されるのは、文部科学省が平成25年12月に策定した「グローバル化に対応した英語教育改革実施計画」でしょう。日本の「グローバル化」に対応するためと称して、小学校の英語教育の早期実施や教科化、中学・高校の英語教育への外部検定試験の導入、一貫した到達目標の設定（これにはCAN-DOリストなどが使われるものと思います）、などをはじめ、教育現場へのさまざまな行政的介入が検討されているようです。この実施計画については、すでに私たちが2014年に出版した『学校英語教育は何のため？』の中で批判的に考察していますし、今回私は大学英語教育を中心に話をさせていただき

ますので、ここでは触れないことに致します。

　今回私が問題にしたいのは、「グローバル化」のさらに上を行く「スーパー・グローバル化」です。すでに文科省は、「スーパー・イングリッシュ・ランゲージ・ハイスクール（SELHi）」事業の効果検証もろくにせぬまま、一昨年度「スーパーグローバルハイスクール（SGH）」事業を始めており、年度末の3月にはSGH指定校が決定いたしました。また、大学レベルにおいても、「スーパーグローバル大学創成支援」事業を始め、「トップ型」と「グローバル化牽引型」の二つのタイプの大学を指定いたしました。私は、どうしてもこの「スーパー」何とかという浮ついた事業名に違和感を覚えざるを得ません。そもそも英語として不自然なこんな名前をつけていること自体、グローバル化に対応していないことの何よりの証明です。

スーパーグローバル大学は何をやろうとしているのか

　それでは、スーパーグローバル大学創成支援事業に採択された大学がどのようなことをしようとしているのか、あるいは申請をする段階でどのようなことをすると約束したのかを見てみましょう。申請書は日本学術振興会のウェブページで見ることができます。いずれの大学の申請書も膨大な量で、ここでご紹介する文面はほんの断片です。それによると、たとえば「トップ型」に指定されたある大学は、「外国語による授業科目の割合を、大学院課程では現状の33％程度から、新しい教育システムが開始される平成28年度に50％、学年進行に伴って平成31年度には97％程度に引き上げるとともに、学部授業につい

ても現状の3％程度を平成35年度には10％を目標に外国語化していく」と言っています。「外国語」は実質的に英語でしょうね。さらに、「大学院教育プログラムの完全英語化」を目指しています。日本の大学ですよ。正気なのでしょうか。同じくトップ型の別の大学では、「最終的には英語による授業科目を約400科目に拡張」すると書いています。ものすごい数ですね。また、「教育研究指導を英語で行」って、「全学的に英語（外国語）による授業科目を増やしていく計画」なのだといいます。やはり大学の英語化を申請の目玉にしています。

　また、「グローバル化牽引型」に採択されたある大学は、「本学では開学当時より卒業単位に関わる全科目を英語で行ってきた［原文ママ］」けれども、さらに「全科目、全授業（語学系科目等を除く）を英語で教えることにとどまらず、本学講義レベルの国際化を目指し、世界標準カリキュラムや世界標準にむけての科目調整を行う［原文ママ］」と言っています。すでに大学自体が英語化されていると申請に通りやすいのでしょうか。ちなみに、私がこの「原文ママ」という注記を入れるときには、原文どおりだが日本語としておかしいですよ、という意味合いのほかに、こんなおかしな日本語を使う人たちが語学教育に携わっていていいのですか、という皮肉を込めています。高校の英語の学習指導要領にある「英語に関する各科目については、その特質にかんがみ、生徒が英語に触れる機会を充実する［原文ママ］とともに、授業を実際のコミュニケーションの場面とするため、授業は英語で行うことを基本とする」（第3款の4）という文言を紹介するときにも、いつもそうしています。格助詞の「を」に続けるのだから、正しくは「充実さ せ

る」ですね。この申請書でも、「科目」を「英語で行」うというのはおかしい。「科目」は「開設」するものではあっても、「行う」ものではない。「行う」のは「授業」ですね。「世界標準カリキュラムや世界標準にむけての科目調整を行う」については、「や」が何と何をつないでいるのか、どこがどこに掛かっているのかすら分かりません。勝手な想像ですが、この大学では、何でもかんでも英語、英語と大騒ぎをしているうちに、日本語による思考能力そのものが低下していることにも気づかなくなっていると考えられます。こんな申請書を書くほうも書くほうですが、通すほうも通すほうです。

　そもそも、スーパーグローバル大学創成支援事業に採択されたほかの大学も含め、授業を英語で行う、英語の授業を増やす、ということが当たり前のように「グローバル化」のための計画として記されていますが、いったいそれはどのレベルの、どのような英語なのでしょうか。「英語による授業科目を約400科目に拡張」したいので、A先生とB先生（いずれも日本語を母語とする日本人という設定）は来学期からそれぞれ五つずつ英語で提供する授業を担当してください、と言われて、はいそうですか、英語でやればいいのですね、といって、それまでの授業とまったく同じ内容を同じ精度で講じることができるものかどうか。学生にしても、ああ、なるほど、この必修科目は今学期から英語で提供されるのか、といって、何の抵抗もなく授業に参加して、日本語科目を受講しているときと同じ精度でその内容を理解できるものかどうか。おそらくはそううまく行きません。どれだけ教員と学生の英語力が高い大学でも、日本の大学である以上、英語力の増強という一点を除くほとんど

の項目において、英語で授業を運営すれば必然的に教育・研究・学習効率は落ちるのです。この点はきわめて重要です。教員がカタカナ英語などを使った日には、英語力の増強すらあやしくなります。

スーパーグローバル大学東大

　何を隠そう、わが東京大学もスーパーグローバル大学の指定を受けました。トップ型です。その申請書には、「グローバル30［文科省が平成21年度に立ち上げた「国際化拠点整備事業」］による英語プログラムの増加を機に、学部・大学院とも、英語による開講科目は大幅に増加した。特に、英語で学位が取れる学部コース（Programs in English at Komaba: PEAK）は、本学初の取組であり、全学協力体制での授業展開を行っている」とあります。また、平成26年度より、国際総合日本学（Global Japan Studies）教育プログラムを立ち上げ」る、とありますが、このプログラムは予定通り開設されています。私は、当初このような英語偏重のプログラムを開設することには反対でしたが、始まってしまったからには仕方がない。少しでもいいプログラムにしていかなくてはなりません。

　とはいえ、先ほども申し上げたとおり、大学のすべての教員が完璧な英語で授業を提供できるわけではありません。もちろん、東大には英語の得意な先生が多いですし、中には大変な英語自慢もいます。昔、英語教育に一家言も二家言も持っている宇宙物理学の先生がいて、我々英語教師の授業にいろいろいちゃもんをつけてくる。英語教師など何者ぞ、くらいに思って

いる。英語部会の教員が大学案内の英文パンフレットを作ろうもんなら、こんな英語はあったもんじゃない、こんなパンフレットを公表するのは大学の恥であるとばかりに、添削をして返してくる。勢い余って、イギリス人が書いたところまで全部直しちゃった。普段どういう英語を読み書きしているのかと思うようです。その先生が放送大学の授業で外国人に英語でインタビューをしている場面を拝見したことがありますが、およそ大学の英語教師の書いた英文を添削できるレベルとはお見受けできませんでした。

　まあ、それはさておき、いくら英語の得意な先生が多いといったって、英語で学位が取れるコースの授業を担当できる教員となると、数は限られています。先ほどの宇宙物理学の先生にはとても任せられません。本人がやりたいと言ったって、断った方が学生のためですね。それで、どういうことになるかというと、各部局から英語で授業ができる先生が選ばれるのですが、特徴的なのは、普段学部学生に英語を教えている教養学部の英語教員がその任に当たることが多いということです。そうなると、もちろん、英語の母語話者を含む留学生たちに英語を教えても仕方がありませんから、PEAKや国際総合日本学に相応しい内容の授業をすることになります。幸い、東京大学教養学部の英語部会に所属する教員の多くは、大学院レベルではそれぞれ言語学、文学、地域文化、政治、歴史などなどさまざまな専門領域の研究と教育を行なっていますので、それを日本に引きつけて講じることができる教員も少なくありません。

私が担当した合併授業

　私は現在、大学院教育学研究科・教育学部の所属ですが、もともとその英語部会に属し、教養学部の英語教師であったことから、教育学部の代表としてPEAKのJapan in East Asia（JEA；東アジアにおける日本）コースの3、4年生を対象とした授業を提供するように依頼されました。もともと私は大学の英語化には反対ですから、嫌だと断ることもできたのでしょうが、さっきも申し上げたとおり、プログラムが動き出してしまった以上は、少しでもいいものにしなくてはいけません。すでに留学生たちは東大にやって来て履修を始めていますから、彼らを犠牲にするわけにはいかないのです。そのため、出講を引き受けました。じつに皮肉なものです。

　何を講じればいいかと悩みましたが、芸は身を助くと言うべきか、私は昔から書道や合気道をたしなんできましたので、日本文化における「道（どう）」という考え方について英語で説明することを思いつきました。そこで、講義題目を'*Do* and Japanese Culture'としました。このDoはCAN-DOのDOじゃないですよ。'CAN-DO and Japanese Culture'というのも、それはそれで日本文化における英語偏重の悪弊に関する愉快な講義になったかもしれませんが、これは「道」です。茶道、華道、武道（さらに下位区分としての柔道、剣道、合気道、弓道など）、武士道、書道、香道、仏道など、毎回一つの「道」を取り上げ、最終的に「道」の何たるかを帰納的に導き出せれば、とても面白い日本文化論になるだろうと思ったのです。

　さて、気になるのは履修生の人数ですが、PEAKが始まって

まだ数年しか経っていませんから、対象となる履修生もそう多くはないらしい。ゼミ形式で和気あいあいと日本文化論などを議論しようと思っていたら、別の学部横断型プログラムたる「国際総合日本学（Global Japan Studies）」の授業もそれにくっつけてくれないかと頼まれました。合併授業にしてほしいというわけですね。英語で提供している授業が少ないから、往々にしてこういうことになります。さらに、いつの間にか（といっても、どこかで私が了解したはずなので、私自身の不注意によるものですが）、Abroad in Komaba（AIKOM）という、以前から教養学部に存在する交換留学プログラムの授業や学部後期課程の（おもに日本人学生向けの）「専門英語」まで合併クラスとしてくっつけられていました。当初、最初の二つの合併授業だけで、学生数も最大で10数人だと聞いていたので、初回の授業の際、留学生たちとの緊密なやり取りを想定しながら割り当てられた小さな演習室で学生を待っていたら、次から次へと外国人が入ってくる。立ち見どころか、教室の外まで学生があふれています。結局その数が50人くらいになってしまったので、急遽教室を変更し、授業も講義型に変更しました。それでも、書道の回には人数分筆ペンを用意して（本物の筆と墨は、使い慣れないと服を汚してしまいますしね）臨書をさせたり、香道の回には（これまた本物の香を焚くために教室で火を扱うわけにはいきませんから）いくつかのコップに小さな匂い袋を入れて、同じ匂いを当てさせたり、それぞれの専門家から見れば邪道かもしれませんが、体験型授業の展開を心がけました。日本文化、とくに「道」に対する留学生の興味もなかなかのもので、こちらも一生懸命準備をしただけあって、最

後まで留学生の数はさほど減らず、活発な議論が展開され、私にとっても大いに勉強になる楽しい授業でした。授業自体は映像に収めてはいませんが、昨年度から開講されている放送大学の「英語で描いた日本」（主任講師：大橋理枝・Jon Brokering）の放送授業の第9回に私がゲストで出演して、合気道に関してPEAKの授業で話したようなことを、インタビューに答える形で英語で話していますので、参考にしていただければと思います。

　さて、いくら楽しい授業であったとはいえ、これは、われわれの業界用語で言うところの「持ち出し」、すなわち自分が本来業務として担当している以上の、特別な手当もなにも出ないプラス・アルファの授業です。英語を専門にするというだけで、ことあるごとにこのような授業を任されたのではたまったものではありません。英語教員というのは、ただでさえ何だかんだと使われて忙しいのですから。たまたま学期が終わったころに発行される『学内広報』（No. 1467、2015年4月23日発行）の随想欄を担当することになっており、好きなことを書いていいというので、「国際化は英語化にあらず」という文章を書きました。そして、その一部で次のように論じました。

　　英語を専門にする者にとって困るのが、「国際化」や「グローバル化」を理念とするプログラムの増殖である。実際には大学を「英語化」せよということらしく、それらを中心になって運営する委員の多くが、ただでさえ忙しい駒場［教養学部］の英語教師たちだ。数年前までその職にあった私も、何かと駆り出される。昨年度はPEAKと「国際総合日本学教育プログラム」の合併授業を引き受けた

が、英語化政策に対して懐疑的な私の授業が一番多くの留学生を集めていたというから（ちょっと自慢）、実に皮肉なものである。（中略）大学の真の国際化とは、学生、教職員がそれぞれの持ち場において世界に誇れる学問研究、教育行政を行うことであって、英語を使う必然性もない部局に英語を多用せよと圧力をかけたところで、教育の非効率化と教職員の疲弊を招くだけである。　　　（「淡青評論」）

　東大関係者のみに配布される広報誌とはいえ、多くの同僚、OB、OGの先生方が読んでくれているらしく、学内で「よくぞ書いてくれました」と激励の言葉をかけてくれた先生もいれば、広報課へのメールで共感の意を伝えてくれた名誉教授の先生もいました。

大学の「グローバル化」の問題点

　愚痴ばかり言っていると、いかにも東大のグローバル化がうまく行っていないかのように聞こえてしまいますので、とりあえず弁護しておきたいと思います。いろいろと課題はありますが、東大は頑張っていますよ。ここからは、私が経験したことも踏まえ、日本の大学の「グローバル化」の問題を一般化して論じたいと思います。
　まず、一つ目の問題は、大学の「グローバル化」が実質的にその「英語化」だということです。いくら英語が汎用性の高い言語だからといって、使用言語を英語に変えた途端に教育や研究が何でもかんでも国際的になるわけではありません。そもそ

も国際的に通用しないような研究を英語にしたって仕方がないわけで、まずは基本的に母語でなされる学問研究と教育の質を高めることが先決です。

　それから、英語の過度の重視は、ほかの外国語の軽視という形で教養教育の弱体化を引き起こす危険性があります。大学の教養教育において英語教育も含めて外国語教育が重視されてきたのは、外国語の運用能力を高めることもさることながら、その裏にある文化を学ぶことが大切だと考えられてきたからです。外国語の学習を通じてその裏にある言語文化を学び、さらに自らの母語やその言語文化を相対化することができるからです。それがひいては幅広い教養を身につけるための素地を作るのです。また、外国語学習は知的訓練の意味合いも持っています。西洋におけるかつてのギリシャ・ラテン語教育を思い出してみれば、外国語教育が単に外国語の実用的な運用能力を与える以上の豊かな機能を有してきたことが分かると思います。現在、多くの大学で英語以外の外国語の授業が減らされる傾向にあります。あるいは、減らすべきだとの議論がなされる傾向にあります。英語の授業にしても、その言語文化を理解させるような授業は少なくなり、その実用的な運用能力を（下手をすると英語力認定試験の点数を）高めることばかりが重要視されています。まことに嘆かわしいことだと言わざるを得ません。

　また、英語化することによって日本の大学における教育・研究の効率は必然的に落ちます。さっきも述べたとおり、英語自慢の先生は多いですから、すべてを英語で行えば自分たちの研究・教育はさらに輝きを増すと思っている先生も少なからずいるものと思われますが、じつのところ、どんなに英語の得意な

先生でも、英語の論文をたくさん発表している先生でも、日本語を母語としていればまずは日本語で考えているのです。普段は日本語で考えているけれども、研究だけは英語で考えている、あるいは日本語と英語で同時に考えている、なんて器用な人はまずいないでしょう。そして、日本の科学技術の高さ、高等教育における高度な学問の裏に日本語による思考があることは、たとえば最近出版された松尾義之氏の『日本語の科学が世界を変える』という本にも示唆されています。明治初期を除き、わが東京大学でも、研究・教育のほとんどの部分は日本語でなされてきました。それが東大の強さでもあったのです。東大ばかりでなく、日本の大学における最先端の学問がほとんど日本語でなされてきたことは、あらためて確認しておく必要があります。そのかなりの部分を英語で行なうことになったとしたら、思考は鈍重になり、研究は骨抜きになり、教育は漠然としたものになってしまいます。こういうことを言うと、「母語主義」であるとのそしりを受けるかもしれませんが、私は主義信条の下に研究・教育を母語で行なうべしと主張しているのではなく、もっとも繊細な思考を可能ならしめるのが母語であるという当たり前の事実を確認しているだけなのです。

　さらに、教員人事の問題も深刻です。英語重視のカリキュラムを作ろうとすれば、英語で教育・研究のできる教員が数多く必要になります。現在、日本のあちらこちらの大学で、日本在住の外国人研究者や英語圏に留学経験のある研究者が多く採用されているようですね。でも、その方々のすべてが、英語の部分を差し引いてもなお採用されるべき一流の研究者であったかどうか、やや意地悪な目で評価をする必要がありそうです。本

来、それぞれの大学の最先端の学問を支えてきた研究者を差し置いて、英語で授業ができる教員（もちろん、その人たちが研究でも一流であれば何の問題もありませんが）、英語力を評価されて採用された教員が「グローバル化」した大学の看板として前面に出るわけです。

　皮肉なことですが、この人事の件も含め、大学のある部分を英語化していけばいくほど、その大学に関するゆがんだ像が外国に向けて発信されることになります。ここでまた東大のPEAKプログラムの話に戻りますと、このプログラムへの2014年度合格者の7割が入学を辞退したことが話題となり、東大が滑り止めになっている、などとマスコミに悪口を書かれました。世界のエリート高校生は東大を蹴った、というのですね。しかしながら、これはとんでもない誤解です。東大は、世界トップクラスの大学です。多少の欲目をお許しいただければ、私自身は、オックスフォード、ケンブリッジ、ハーバード、MIT、スタンフォード、プリンストンなどにもまったく引けを取らない大学だと思っています。少なくとも、私自身はその気概を持って教育・研究に励んでおります。ただし、改めて申し上げれば、世界のトップ水準のその教育・研究は、ほとんど日本語でなされています。その東大がPEAKという英語だけで学位が取得できるプログラムを作った。残念ながら、これはまだ英語だけで完結した、閉じたプログラムです。履修できる授業も限られています。となると、英語での教育になじんできた、日本語がほとんど分からない世界のエリート高校生たちが留学を考えた場合、イギリスに行こうか、アメリカに行こうか、ほかの英語圏に行こうか、そういえば日本の東京大学が

英語のプログラムを作ったからそこにしようか、という選択になる。彼らにとってみれば、オックスフォード、ケンブリッジ、ハーバード、MIT、スタンフォード、プリンストンかPEAKプログラムかの選択となる。それで受験生が前者を選んだからといって、東大全体が滑り止めになったわけではありません。PEAKという（現在のところ）半ば閉じたプログラムより、英語圏の一流大学における広範囲の学問研究のほうが魅力的に見えたということなのでしょう。当然と言えば当然です。この問題を一般化して言えば、日本の大学のある部分を英語化すれば、外国から見た場合、その部分だけが前景化され、皮肉なことに、その大学の本来の持ち味がすべて背景に遠のいて見えにくくなってしまうのです。

　だから、すべてを英語にすべきだと極端なことを言い出す人がいます。日本の大学で教育・研究をすべて英語にしても、もともと（ほぼ）完璧な英語を使いこなしている英米の一流大学には勝てるわけがない。オックスフォード、ケンブリッジに至っては、中世から正しい英語で教育・研究を行なっているのですから。すなわち、日本の大学を英語化するということは、世界でのランキングを上げるどころか、英語圏の大学に自ら好んで負けにいくようなものなのです。英米の世界大学ランキングはあちらの価値基準に基づいて提示されていますから、英米の大学が上位を独占するのは当然です。それがいやなら、日本の大学が上位に来るような基準を作って、新しいランキングを示せばいい。英米のランキングで上位に行こうとすればするほど、英米の大学に絶対に勝てない大学を作ることになる。大学ランキングで一喜一憂するよりは、たとえ日本語でなされてい

る教育・研究であっても、それが世界に誇れるものかどうか、学生たちが充実した学究生活を送っているかどうか、もっとそういうことを重視すべきだと思います。

大学における教養外国語教育

　では、どうすればいいか。ここからは少し建設的な議論をしたいと思います。まず、教養教育の一貫としての外国語教育ですが、これはどうしても堅持する必要があります。英語についても教養的な内容を含めて教える必要がありますが、それ以外の外国語の授業も多ければ多いに越したことはありません。この点について、かつて私は同僚の仏文学者・野崎歓さんとの対談の中で次のようなやり取りをしたことがあります。

　　野崎：それ［駒場（東京大学大学院総合文化研究科・教養学部）の多彩な語学教育態勢］をまず刺激的だと考えられるかどうかで学生の駒場ライフは変わってくるんじゃないでしょうか。それはやっぱりすごいですよ。英語だけじゃなくて複数の言葉があり、その先にそれぞれ魅力を秘めた文化が待っているんだぞということを受け止められてこそ、大学に来た甲斐があるというものでしょう。そうなると英語をおざなりにする部分も出てくるかもしれないけれども、第二、第三の外国語の響きを一度は味わってみたらいい。

　　斎藤：それこそ本当の多言語・多文化主義であって、これ

だけの英語支配というのは健全じゃないわけですよね。それを打破していくためにはそういう異言語間を行き来するという体験が絶対必要だし、それによってさらに英語とは何か、日本語とは何かというのが見えてくるわけです。だから駒場のすごい空間（中略）を学生が活用しない手はないなという気がしますよね。

（斎藤・野崎 2004: 27）

　教養教育における外国語教育については、このやり取りにつきると思います。実用主義に陥った外国語教育ほど貧弱なものはありません。

　この文脈で改めて触れておきたいのは、鳥飼さんのお話にもあった「国際教養」なる言葉です。中京大学の国際教養学部は複数の外国語の教育を重視しているようなので問題はないのですが、日本語のおかしな申請書を提出した大学も含め、この言葉を名前に冠したほかの大学や部局ではほとんどの授業を英語で行なっているようですね。そのような英語偏重の教育は、本来日本の大学が重視してきた「教養」の理念とは相容れないものです（これについては、拙著『教養の力—東大駒場で学ぶこと』を参照していただきたい）。理念と教育がまったくちぐはぐだと言わざるを得ません。

「グローバル」大学外国語教育私案

　本当の意味でグローバルと言える大学であれば、たった今申し上げたとおり、教養科目としての外国語教育を堅持すべきだ

と思います。もちろん、外国語教育ばかりでなく、文化理解に関わる多彩な教養科目を提供することも重要です。

　また、先ほど論じたとおり、大学の一部を高度に英語化すると、海外、とくに英語圏に対してその部分だけが前景化されてしまい、本来の大学の強みがうしろに引っ込んでしまいます。では、どうするか。ここで威力を発揮するのが、昨今の英語教育でとかく悪者扱いされることの多い翻訳です。すなわち、大学全体の研究・教育を正しく発信するような翻訳態勢を作って海外に発信するのです。ここでは英訳が中心になるのはある程度仕方がないかもしれませんが、世界の主要言語を中心として、できるだけ多くの言語で大学の情報を網羅的に伝えるようにします。もちろん、多くの大学はすでに英文のホームページを開設していますが、私が見たところ、それが日本語のホームページにきちんと対応してはいないようです。多くの場合、英文ページの内容は、もともとの日本語のページの抄訳であったり、外国人が興味を持ちそうな内容に限られていたりします。試しに東大の英文ホームページで自分がどこに出てくるかを調べてみましたが、日本語版とは違って先ほど述べたPEAKプログラムが最初のページに出てくるので、そこを３回クリックすれば、授業担当教員としての私の顔が出てきますが、本来の所属部局である大学院教育学研究科・教育学部の教授としての紹介文にたどり着くにはだいぶ手間がかかりました。日本語版と英語版、あるいはほかの外国語版のサイト上での情報がすべて同じである必要はありませんが、日本語版と英語版で大学の見え方が大きく違うのはおかしな話です。大学の全体像がもう少し分かりやすく伝わるよう、日本の大学全体の課題として、

外国語への翻訳による広報活動を充実させる必要がありそうです。

　また、昨今、大学全体としてできるだけ英語を使うようにとのお達しがトップダウンで下りて来る傾向にありますが、そもそも英語を使う必然性のない部局も少なくありません。日本文化を専門とする部局などは、むしろ日本語による教育・研究を行なうほうがよほど大学のグローバル化に貢献すると思われます。そして、英語を使うようにとの圧力が高まっているわりには、本当に英語をはじめ外国語を必要とする学生や教職員に対する個別の支援体制は大学全体として不十分であるように見受けられます。これについては、われわれの最初のブックレット（大津ほか 2013）に書いたとおりです。そこで大学全体の語学に関する問題に対処するような、いわば多言語対応の語学支援センターのような機関あるいは部局の創設と充実を改めてここで提案したいと思います。その第一の業務としては、日本人学生の語学支援です。外国に留学する、国際学会で発表する、外国語で論文を発表する、そのような場合にしかるべき支援をする。場合によっては語学試験対策を指導してもいいでしょう。もちろん、英語は英語でそこで本気になって勉強しておくといいと思います。勉強すればするほど、語学の難しさ、奥深さを知ることになります。

　さらに、語学支援センターにはもう一つ重要な業務があります。留学生に対する日本語支援です。留学生を呼び込むために英語の授業を増やすという発想ではなく、入り口は英語でもいいが、彼らが日本語で行なわれる授業や研究に参加し、さらには大学のコミュニティや日本の社会のなかで生活することがで

きるような支援をすることが大事です。また、留学中だけでなく、彼らが日本で活躍できるような道を開くことも大切で、そのためには就職支援の態勢も充実させなくてはなりません。それが可能になってこそ、本当の国際化、グローバル化が見えてくるのではないでしょうか。

　このような形で、大学の総合力で勝負するような方策を考えなければ、日本の大学はその存在感を薄めていくことになります。「グローバル化」と称する大学の英語化は、自滅への道です。

　ご清聴ありがとうございました。

参考文献

江利川春雄・斎藤兆史・鳥飼玖美子・大津由紀雄（2014）『学校英語教育は何のため？』ひつじ書房

大津由紀雄・江利川春雄・斎藤兆史・鳥飼玖美子（2013）『英語教育、迫り来る破綻』ひつじ書房

斎藤兆史（2013）『教養の力―東大駒場で学ぶこと』集英社

斎藤兆史・野崎歓（2004）『英語のたくらみ、フランス語のたわむれ』東京大学出版会

松尾義之（2015）『日本語の科学が世界を変える』筑摩書房

本道に戻って グローバル化に対処する

大津由紀雄

「本道に戻ってグローバル化に対処する」という演題でお話しいたします。きょうの公開講座の主たるテーマは大学英語教育ですので、その話もいたしますが、もう少し広い視野から学校英語教育を全体として考えることから始めたいと思います。

グローバル精神を持った人の条件

　最初にグローバル精神を持った人の条件について考えてみましょう。三点あると思います。

　一点目は、「言語・文化の普遍性と相対性を理解していること」です。日本語、英語、スワヒリ語、日本手話などを「個別言語」と言います。個別言語は、文字どおり、それぞれの個別性を持っていますが、同時に、共通の原理によって組み立てられています。つまり、体系としてみたときに、ある言語が他の言語よりも優れているとか、劣っているとかということはありません。一定の範囲で違いがあるということだけです。文化についても同じことが言えます。この言語・文化の普遍性と相対性をきちんと理解していることが第一の条件です。

二点目は、それまで出会ったことがない、新たな状況に遭遇したときに、その状況を冷静に分析し、思考し、なにをすべきかについて的確な判断を下すことができることです。この意味での判断は常に創造的です。
　三点目は、自分の考えを相手に正確に伝え、相手の気持ちや伝えたいところを的確に理解することができることです。
　この三つは、グローバル精神を持った人の条件として欠かすことができないものだと私は考えています。
　ところが、今の学校教育はこうした条件を備えた若者を育成しようとしていない。問題は四つあると思います。
　一つ目は、心（マインド）の軽視です。「心」とは私たちの内側にあり、外界とのやりとりを支える仕組みのことです。心の軽視の裏返しとして、行動の重視があります。
　二つ目は、一つ目と無関係ではありませんが、思考力・分析力の軽視です。そして、その裏返しとして、口先だけの技能の重視があります。
　三つ目は、母語の軽視です。それを裏返したところに、英語という特定の外国語の重視があります。
　四つ目は、英語以外の言語の軽視です。それを裏返せば、英語だけの重視ということになります。
　今回は時間が限られていますので、四つ全部は採り上げられません。そこで、最初の二つについて考えてみることにします。

心の軽視、行動の重視

「心の軽視、行動の重視」ということを取り上げましょう。具体的な例としては、歪曲化された CAN-DO リストの問題と言語活動という概念の問題の二つについてお話しします。

いま、日本の英語教育では CAN-DO 文のリストが大変にぎやかに話題になっています。そこで、ACTFL（American Council on the Teaching of Foreign Languages）が作成した *Can-Do Statements* という冊子を見てみましょう。この冊子はネット上に公開されていますので、ぜひご覧ください（http://www.actfl.org/sites/default/files/pdfs/Can-Do_Statements.pdf）。この冊子の副題を見ると、Progress Indicators for Language Learners となっています。つまり、Can-Do 文というのは、progress indicators、学習がどのくらい進んだかを示す指標です。アプリをダウンロードするときに、ダウンロードがどのくらい進み、完了するまでにあとどの位、残っているかの表示が出てきますね。あれが "progress indicator" です。ここで大切なのは、for Language Learners という部分です。「外国語の学習者のための」、つまり、Can-Do 文は学習者のためのものであるという点が重要なのです。

ところが、これがいったん日本に入ってくると、どのようになるか。たとえば、英語教育の在り方に関する有識者会議の報告書の一部には、「各学校は、学習指導要領を踏まえながら、4技能を通じて、『英語を使って何ができるようになるか』という観点から学習到達目標を設定（CAN-DO形式）し、指導・評価方法を改善」とあります。CAN-DO 文が学習到達目

標を定めたものになっただけではなく、さらに、教える側の評価基準にもなってしまいました。本来は学ぶ側の指針であったものが、教える側あるいは管理する側の目標や基準になってしまいました。

　CAN-DO文、つまり、「～することができる」という形、つまり、行動の視点をとっているのは学習者のための指針であるかぎりにおいて納得がいきます。しかし、学習者のための指針ではなく、評価が行動の視点だけで行われるというのであれば大いに問題があります。心の変化（認知的変化）のなかに行動に反映される部分があることは間違いありませんが、そうではない部分もあることも事実です。その見えない変化を捉え、的確な指導を行うことにこそ、教育の本質、教師の本分があると思うのですが、みなさんはどうお考えですか。

　なお、この点については、さきほど触れた、英語教育の在り方に関する有識者会議でも委員の一人として、繰り返し強調したところです。この有識者会議については議論をまとめた報告書だけでなく、会議でのやりとりがほぼそのまま掲載されている議事録（ネット上に載っています）をご覧いただきたいと思います。

　今度は「言語活動」について考えてみましょう。ご承知のように、現行の学習指導要領では、言語力の教科等横断的な育成の重要性が強く前面に打ち出されていますが、実際に小学校・中学校・高等学校の教室で子どもたちと向き合っている先生たちの中には、「言語力」というものがまだよく理解できないという意見も珍しくありません。それはなぜかと考えてみました。そして、「言語活動」という捉え方に最大の問題があると

いう結論に至りました。ご存知の方も多いでしょうが、「言語活動」とは、学習指導要領に頻出する用語です。

　文部省の時代に教科調査官をしていた和田稔氏（私信）によると、「言語活動」という概念が学習指導要領に初めて導入されたのは1969年告示の学習指導要領だそうです。その時代に書かれた学習指導要領の解説を見ると、「つまり、言語活動とは、言語を聞いたり、話したり、読んだり、書いたりするなど、言語を総合的に理解したり、表現したりする活動を指すのである」とあります。

　ここから分かることは、「言語を聞いたり、話したり、読んだり、書いたりするなど」、つまり、外に表出された部分、さきほど使ったことばを使えば、行動に重きを置いた概念であるということです。「言語を聞いたり、話したり、読んだり、書いたりするなど」の行動のもとにある思考という心的過程や思考を支えるということばの本質に対する考慮が欠如しています。百歩譲っても、軽視されていると言えます。

　ここで念のために言い添えておきますが、「活動」と「行動」は別の概念です。「活動」は「心的活動」という表現からもわかるように、外に現れた（観察可能な）部分だけでなく、内的な（観察不可能な）部分も含むことができる概念です。意図的かどうかはわかりませんが、この二つをごっちゃにしてしまうのはきわめて危険です。

　わたくしは、こうした動きは半世紀以上前に葬り去られたはずの行動主義への回帰に他ならないと考えます。ご存じの方も多いと思いますが、1950年代の中ごろ、それまで吹き荒れていた行動主義に対する本質的批判が噴出し、心理学や言語学な

どの人間科学の基本的信念が大きく揺らぎました。結果として、人間の本質を捉えるためには観察可能な行動だけでなく、行動のもとにある心の働き（「認知」）も研究の直接的対象としなくてはならないという考えが急速に広まっていきました。世に言う「認知革命（cognitive revolution）」です。

　こうして葬られたはずの行動主義への回帰は、今回取り上げたCAN-DO文や言語活動の重視だけではなく、TOEFLやTOEIC等の英語テストのスコアのみによる英語力の評価という極端な数値主義にも表れています。

　行動は、観察したり、比較したりすることができます。ですから、行動を重視する先生たちは、「行動は、客観的な評価が可能であるのに対して、心的な過程や状態は直接観察することができないので、評価が主観的になりがちである。従って、重視すべきは行動であって、心の中の動きに対する考慮は最低限にとどめなくてはいけない」と言います。しかし、私は、教育に携わる者が果たしてそういうことばを発してよいものかどうか、強い懐疑・疑念を覚えます。

　念のために言っておくと、わたくしは、行動とその変化が教育にとって無意味であると言っているのではありません。行動だけで子どもたちを理解しようとすることは重要な問題を含んでいると主張しているのです。

　大学教育に目を転じても、同じように、行動や表に現れるところだけを重視する傾向が見られます。「L型大学とG型大学」という話題を耳にしたかたも多いかと思います。L型の「L」はローカル（local）の「L」、G型の「G」はグローバル（global）の「G」です。従来、大学の英文科などでは、英語

文学などを教えているが、L型大学では、そんなものはやめてしまって、観光業で必要となる英語力、地元の歴史・文化の名所の説明力を育成すべきことだとか、L型大学には従来の文系学部はほとんど不要で、そういう所にいる教授には辞めてもらうか、職業訓練教員としての訓練や再教育を受けてもらうというようなことが文部科学省の会議で、ある有識者によって唱えられたと話題になった、あの話です。こういうことについては、わたくしたちはもっと大きな怒りの声を上げてもいいのではないかと思います。

「言語力」とはなにか

　ここで「言語力」について考えてみましょう。わたくしは、言語力は幾つかの要素から成り立っているものと考えています。

　一つ目は、ことばの仕組みとその働き、簡単に言うとことばの性質ですが、それについてきちんと理解することです。これが何よりも肝心です。ということは、まずは先生たちがことばの性質について理解することが大切です。その上で、子どもたちにことばのおもしろさや重要性を伝えてもらいたいと思います。

　もっと具体的にどんなことが重要なのか教えてほしいということであれば、こんな具合になるかと思います。まず、ことばは人間だけに与えられた宝物であること。限られた範囲での情報伝達の手段を持っている動物は人間以外にもいます。有名なところではミツバチのダンスがありますが、こと、蜜の在りかや質などを伝達することに関しては優れものです。しかし、ミツバチのダンスはそのきわめて限定された機能しか果たすこと

ができません。たとえば、ダンスによって、蜜のありかの天気を伝えたりすることはできません。それに対して、人間のことばはそうした制約なしに、創造的に使うことができます。ことばを手に入れたことによって人間は思考の自由を得、また、さらには文字を得たことによって、思考の結果を蓄積し、後の世代に伝えることができるようになりました。

　もう一つ、ことばの仕組みの抽象性（目に見えない属性）とことばの使用における心的過程の重要性もぜひ子どもたちに実感してほしいところです。別にむずかしいことではありません。前者について言えば、

　　（1）背の高い男の子と女の子

と言ったときに二通りの解釈（《背が高いのは男の子だけ》という解釈と《男の子も女の子も背が高い》という解釈）が可能なのは、（1）は単語が左から右へ一列に並んでいるだけでなく、「背の高い」を「男の子」だけと直接結びつけるか、「男の子と女の子」と結びつけるかという二通りの結びつけかたが可能だからです。ここで大切なのは、その「結びつけかた」は目に見えるものではないという点です。

　後者、つまり、ことばの使用における心的過程の重要性ということであれば、つぎの例が定番です。

　　（2）時計をお持ちですか

　（2）は言うまでもなく、《時計を所持していますか》という

意味の表現ですが、街中で、そう話しかけられたとき、

　　（3）はい、持っています

と答えたら、尋ねた相手はけげんそうな顔をすることでしょう。ええ、（2）を発した人は《いま何時ですか》と時間を尋ねているのです。
　通常、（2）のように尋ねられた人は心の中でこんな「計算」をするのです（心的過程）。《この人はわたしが時計を所持しているかどうか自体には関心がないはずだ。それにもかかわらず、（2）のように聞いてきたのは、「もし時計を所持しているなら、いまの時間を教えてくれますか」という依頼をしているに違いない》と。そこで、その人は、

　　（4）いま、9時です

のように、現在時刻を教えてあげる。
　でも、（2）が時計を所持しているかどうかという意味を担っていることには変わりありませんから、《この人はわたしが時計を所持しているかどうか自体に関心があるはずだ》と考えられる状況では、（3）のように答えるのが自然です。たとえば、運動会の借り物競争の状況で、競技者があなたのところへやってきて、「腕時計」と書いてある紙を見せながら、（2）と尋ねてきたときであれば、（3）のように答えて、腕時計を差し出すのが自然ですね。間違っても（4）のように答えたら、競技者は狐につままれたような表情をするに違いありません。

いまの話に出てきた心的計算のことを「推論」と呼ぶことがあります。つまり、外から取り込んだ情報をもとに新たな情報を生み出すための心的過程のことです。あとでお話しする「予測」とともに、推論は言語活動において重要な役割を果たします。

　わたしたちは日常の言語活動で、いま挙げたようなことばの性質を利用したり、こころの中での計算をしたりしているのですが、普通は、そうしたことを意識に上らせることはありません。だからこそ、こうして「種明かし」をされると、《なるほど、そうだったのか！》と膝を叩くのです。

　ことばの教育において重要なことは、こうして普段は無意識的に利用していることばの性質やこころの中での計算を意識化させ、子どもたちが言語活動においてことばをできるだけ効率よく、かつ、効果的に利用できるように支援することを心がけることが大切です。わたくしはこの意識化の過程を「ことばへの気づき」と呼んでいます。

　たとえば、言語表現の背景には抽象的な構造が存在していることに気づいていれば、男の子と女の子がやってきて、その男の子のほうは背が高いということを言いたいと思ったとき、女の子も背が高いという誤解を生みかねない（5）の代わりに、たとえば、（6）のように言うかもしれません。

　　（5）背の高い男の子と女の子がやってきた
　　（6）背の高い男の子と一緒に女の子がやってきた

　あるいは、話しことばであれば、（5）を使ったとしても、「背の高い男の子と」の後に少し「溜め（ポーズ）」を作って、

誤解を避けようと工夫するかもしれません。

　もし、ことばの性質について手ごろな参考書が欲しいということであれば、いずれも拙著で恐縮ですが、『探検！ことばの世界』、『ことばに魅せられて　対話篇』（いずれも、ひつじ書房刊）、『ことばの力を育む』（窪薗晴夫との共著、慶應義塾大学出版会刊）、『ことばワークショップ』（西山佑司らとの共著、開拓社刊）をお勧めします。

　今回は時間の余裕がないので、言語力を構成する他の要素については表題だけ掲げておくだけにします。

　二つ目は、ことばそのものの美しさやリズムを感じ取る力です。三つ目は、ことばが文化と密接に結び付いていること（ことに、母語と母文化の関係について）を感じ取る力です。

　この中でも、基盤となり、中心となるのは、最初に述べた、ことばの性質についての理解です。今の学校教育では、残念なことに、ことばの性質についての理解を徹底するための実践はとても少なく、また、先生たちの間にも、こうしたことに関する理解があまり浸透していません。

　この話題の最後に述べておきたいことがもう一つあります。言語力の構成要素としていま述べたことは母語と外国語の区別なく、適用されることです。ここ数年、わたくしがずっと主張してきたことは、言語力育成のために、まずは直感（intuition）の利く母語を利用し、その上で、英語など外国語の学習に利用するという進め方です。くわしくは、さきほど述べた、窪薗晴夫さんとの共著である『ことばの力を育む』や森山卓郎さんが編集した『国語からはじめる外国語活動』（慶應義塾大学出版会刊）に寄稿した論考「国語教育と英語教育─言語教育

の実現に向けて」などを参考にしてください。

本道への回帰

　以上の分析のうえにわたくしが英語教育に関して主張したいことは、いま、なんと言っても重要なのは本道への回帰だということです。心（マインド）の重視、思考力・分析力の重視、母語の重視、さらに、英語以外の言語の重視ということになります。

　では、どうすればよいか。要点だけお話すれば、小学校、中学校、高等学校段階では、ことばへの気づきのきっかけ作り、基礎的な英語力の育成、発音の基礎、聞き取りの基礎、文の仕組み、文章の仕組み、推論の重要性などをきちんと教育し、最後に大学で、その総まとめをするのが、あるべき正しい姿だと思っています。

　ここから先の話は大学での英語教育に中心にお話したいと思います。大学での英語教育と一口に言っても、「スーパーグローバル大学」に代表される「我が国の高等教育の国際競争力の向上を目的」とする一握りの上位校と圧倒的多数を占める中位・下位校とでは事情がかなり異なります。言うまでもなく、後者とて、本来は「中位・下位校」と簡単にひとまとめするわけにもいかないのですが、今回はその中でも下位校に焦点を当てて考えてみたいと思います。

　下位校に入学してくる学生の多くの英語力に関して共通しているのは基礎的な力が定着していないことです。発音について言えば、単音の発音にも、リズムにも問題がある。身につけた

語彙も限られている。文法についても、「主語─動詞─目的語」という基本語順がきちんと理解できていない。文章の構成などについてはあまり考えたことがない。こんな状態の学生たちがたくさんいます。そうなると、読んだり、聴いたりという受信過程で必要になる「予測」が十分に立てられないので、当然、問題が起きます。また、書いたり、話したりという発信過程で必要になる、句、文、文章などの表現を「構成」するための力が不足していますから、これまた問題が起きます。

　いまの話に出てきた「予測」ということをご存じないかたのためにちょっと寄り道をして解説を加えておくことにしましょう。

　だれかが話したことを聞き取る場合、話したことが聞こえることが重要なことは言うまでもありません。じつは、わたくしは左耳が難聴なので、母語であっても聞き取りに苦労することがあります。しかし、わたくしたちは耳に入ってきたことだけを頼りに聴解を行っているかと言うとそうではありません。自分でこの先、どんな情報が入ってくるかを予測しながら聴解を行っているのです。

　この予測はいろいろな情報をもとにして立てられます。一つは文法です。たとえば、相手が

　　（7）Yesterday, I put...

と言ったら、put という動詞の性質を利用して、このあとには、「なにを置いたか」に関する情報と「どこに置いたか」に関する情報が入ってくるなと予測を立てます。

　じつは、このとき立てる予測はもう少し詳しいものです。

「なにを置いたか」に関する情報は名詞を中心としたまとまり（名詞句）として表されるはずだ。「どこに置いたか」に関する情報は前置詞を中心としたまとまり（前置詞句）か、over there などの副詞を中心としたまとまり（副詞句）として表されるはずだ。といった種類の予測です。

　この簡単な例からもわかるように、文法（いまの例の場合であれば、英文法）をきちんと身につけていればいるほど、詳しい予測を立てられることになります。

　予測のもとになる情報は文法だけではありません。話題になっていることについて知っていること（知識）も予測にかかわりを持ちます。たとえば、2015年8月15日のニュースを聴いていて、つぎの文が聞こえてきたとします。

（8）Japanese Prime Minister Shinzo Abe's speech on 14 August...

　聞き手が、その前日の8月14日に安倍晋三首相が日本の敗戦70年を迎えるにあたって総理大臣談話を発表したこと、さらには、その談話について、どんなことが話題になっているかを知っていれば、（8）のあとにはその談話についてのコメントが続くことが予測されます。ただし、この場合の予測は「予測」というより「予想」に近いもので外れる場合もあります。

　こうした予測が立てられない場合、聞き取りがむずかしくなることもあります。たとえば、初めて行った土地でバスに乗った場合、つぎのバス停についての車内放送が聞き取れない、あるいは、聞き取りにくいという経験をしたことはありません

か。わたくしも明海大学を初めて訪ねたとき、浦安駅から大学方面へ向かう路線にある「猫実(ねこざね)」と「海楽(かいらく)」というバス停名はなんども繰り返し聞いても、聞き取ることができませんでした。予測が立てられなかったからです。

　興味深いことに、そのバス路線に慣れてしまってからは、なぜ「猫実」、「海楽」と聞き取れなかったのか不思議なくらい鮮明に聞き取ることができるようになりました。予測が立てられるようになったからです。

　さて、ここで本道に戻りましょう。今からおよそ9年前の2006年に『英語青年』に「原理なき英語教育からの脱却をめざして——大学編——」（152巻第1号33–35ページ）と題する論考を寄稿しました。そのなかで、つぎのようなことを指摘しました。

> 「コミュニケーション」という得体の知れない怪物の横行によって、堅固な英語運用能力の育成という、従来、大学英語教育が果たしてきた役割は「実用英語」「英会話」「日常会話」「生きた英語」「役に立つ英語」「文法抜きの英語学習」といった飾り文句つきの代物によってかなりの程度、凌駕されつつあるということになる。…しかし、先達が遙か以前から説いてきたように、英文法知識の基盤なしに英語の運用能力を育成することは砂の上に楼閣を築くことと寸分違うことがなく、英語文学をはじめとする英語文化に慣れ親しむこともなく育成可能な英語運用能力はいかにも浅薄な感を免れ得ない。（中略）TOEICやTOEFLによって計測される英語力に意味がないと主張しているので

はない。単にそれらのテストのスコア向上だけを目指すという短絡的な目標を設定するだけではスコア向上のための方略学習に終わってしまう危険性が高い。

9年が経過したいま、若者の状況をごく手短にまとめれば、《知的好奇心と思考力に欠け、思考の結果を母語で的確に表現し、相手の発話意図を的確に理解する力に欠けた若者の増加》ということになるのではないでしょうか。問題を英語教育に特化すれば、《中学校で身につけておくべき英語基礎力が十分に身についておらず、英語を運用することは夢のまた夢、よくても、決まり文句を繰り返すだけの「ハリボテ英語」しか身についていない若者の増加》と言えます。

この状態に真摯に向き合うのであれば、巷で話題になっている、TOEFLやTOEICなど、本来、日本の大学入試のために開発されたわけではない「外部テスト」を大学入試に導入するなどということを軽々と論ずるよりも、まずは、どのようにすれば英語基礎力に欠けた若者に英語学習による知的喜びを感じさせることができるのかを真剣に考える必要があります。

では、どうすればよいのでしょうか。すべきことは「本道への回帰」という一言に尽くされます。具体的に言えば、

（i）TOEIC信仰からの解放
（ii）英語基礎力の徹底的育成
（iii）「英語を楽しむ」という体験

がその中心となるでしょう。

さきほど、お話したように、スーパーグローバル大学ではない大学に入学してくる学生の多くは、英語力の基礎が形成されていません。それにもかかわらず、こうした学生を受け入れた大学は今後の受験生の確保のために高い就職率を狙うという手段をとります。そのために、TOEICのスコア（場合によっては、TOEFLのスコアであったり、英検の級であったりすることもあるでしょう）の向上のみを目指した教育が平然と行われることになります。しかし、そんな教育を受けても実際の英語力は必ずしも身につかないので、就職しても英語で勝負などできるはずがありません。結果として、大学と企業の間に不信感が深まるという悪循環に陥ることになります。

　ここで大切なことは英語基礎力の徹底的育成ということになります。しかし、そうは言っても、外国語学習の基礎となるべき、ことばへの気づきが母語を利用して育成されていないという問題が立ちはだかります。さらに言えば、ことばへの気づきが欠けているので、ことばを基盤として行われる思考がおぼつかない。あ、これは母語での話ですよ。さらに言えば、ものを考えようと思っても、関連する情報が集められない。よしんば、集められたとしても、その情報を整理できない。首尾一貫した形で、わかりやすく構成できない。的確な推論を働かせることができない。的確な言語表現を選ぶことができない。話しことばでは的確な韻律を利用できないなどの状況が生まれることになります。

　こうした事態からの脱却を図るには、喫緊の対策として、大学新入生の知的好奇心を呼び起こし、ことばへの気づきに目めさせ、ことばのおもしろさや奥深さを実感させ、母語の運用

能力を磨き、その上で、基礎英文法の学習とそれに根ざした訓練を行うことが必要であると考えます。

　本来であれば、小中高の段階でまずは直感の利く母語を利用し、つぎに外国語も利用し、「ことばへの気づき」を育成しておくべきところですが、当面は、大学において、本来は中学校において育成すべき発音、文法、語彙、語用知識の定着を第一義とする、徹底した教育を施すべきです。このようなやり方は一見、遠回りに見えるかもしれませんが、結局のところ、それによらずして、きちんとした英語運用能力を育成することはできません。ついでながら、スーパーグローバル大学に代表される上位校であっても、英語の基礎力の育成をきちんとしておかないと本当の英語運用能力は身につかないという点は同じであるということも肝に銘じておく必要があります。

参考文献

大津由紀雄（2004）『探検！ことばの世界（新版）』ひつじ書房

大津由紀雄（2006）「原理なき英語教育からの脱却をめざして―大学編」『英語青年』152（1）：pp.33–35

大津由紀雄（2008）『ことばに魅せられて　対話篇』ひつじ書房

大津由紀雄編（2011）『ことばワークショップ―言語を再発見する』開拓社

大津由紀雄・窪薗晴夫（2008）『ことばの力を育む』慶應義塾大学出版会

森山卓郎編著（2009）『国語からはじめる外国語活動』慶應義塾大学出版会

鼎談 養老孟司×鳥飼玖美子×斎藤兆史

「英語教育におけるバカの壁」

左から斎藤兆史、養老孟司、鳥飼玖美子

● 自然科学の流れ

斎藤 養老先生は昔から、グローバルに反対し、とにかく英語で物を書かなければ学問じゃないということに反発して「英語で論文を書くのをやめた」と、お書きになっているのを拝読しました。まず、そのことについておたずねします。

養老 自然科学では、ちょうど今のような、なんでもかんでもグローバルになったのは第二次世界大戦後です。世界全体で、自然科学の価値観がアメリカにシフトしていった時代です。生物学も、実験生物学という実験室の中でやる、実験室でわかったことだけが正しいというような、今、典型的なのがiPS細胞の山中伸弥さんの研究ですが、ああいうかたちが主流になっていく時代です。

今考えると、実は、アメリカは非常に極端な動きをして学会はそういう生物学へシフトしました。だからその反動が、1980年頃からスミソニアン博物館をはじめとする博物館側から出てきまして、それが「生物多様性」という言葉を生み、博物史を評価するような生物学が出てきました。

例えば、進化学で有名なスティーブン・グールドとか、社会生物学をつくったエドワード・ウィルソン。彼らはハーバードの比較動物学博物館にい

ました。その対極がジェームズ・ワトソン。彼は30代にDNAでノーベル賞を取りました。

斎藤 ええ、フランシス・クリックらと。

養老 それでハーバードへ来て、動物学に。ウィルソンは逃げて、比較動物学博物館に移っています。そういう時代だったのです。実験室でわかればよいという考えが、もっと重要になって日本に入ってきました。「これからはこれが主流だ」という感じでした。生物学も実験室にこもるように

なって、僕はへそを曲げて野生動物の研究に行きました。実験室から外へ出てネズミを捕っていました。最初は北海道、その次は台湾に行きました。

　要するに、私の考えでは飼っている動物は動物じゃない、つまり、実験室の動物は普通の生活をしていないのでだめなんです。動物のある部分がどういうふうに何のためにあるかということは、実は動物の生活が分かっていないと分からないんです。何のためにこんなものがここにあるんだということは、飼っているマウスで調べても意味がないんです。飼っているマウスは自分で生きる努力は必要ないですから、水と餌さえあればあとは何もしませんから、動物本来の行動を一切しなくなっているんです。

　僕がほんとにすごいなと思ったのは、夏の暑いときに、飼っているラットが、僕が飼っていたんじゃないですけど、今の家で飼っている猫と同じです。両手・両足をひろげて、仰向けに腹を見せてひっくり返って、給水器につけたストローを口にくわえて吸っているだけ。何にもしない。これで動物かって、これでは人間と同じだよと。今考えると、そういう飼われる動物を対象とする時代に抵抗していたんだなという気がします。

●世界的な学力の低下、国語力の低下

斎藤　ということは、先生の場合は、その研究分野の中での反発がおありだったのですね。
養老　非常に大きいです。例えば、ドイツにはシュプリンガーっていう学術出版社があります。そこから出ている雑誌がドイツ語から英語に変わったのが、やっぱりそれからしばらくあとです。ドイツ人も英語で書くようになりました。
鳥飼　その頃に、日本もちょっと遅れるぐらいで、それに追随していった。
養老　もう実態としては当然になっていました。ただ、追随といっても論文を出せる人がほとんどいなかった。私は留学して仕事していたのですが、日本の国内ではそこまでの設備もないし、バックグラウンドがありませんでした。特に、そういう新しい学問、それから、学問同士の連携みたいなことが、かつての東大のような旧講座制の中ではとても難しい。だから、若い人がそういう教育を受けて、いろんな所を回って、という状況ですから、まだまだ遅れていたんです。例えば、アメリカの雑誌に出すといっても、出すだ

けの論文を自分の分野で書くことが、難しかった時代です。もうひとつ裏事情としてアメリカの大学入試資格試験、その実際の難しさが年々下がっていました。「年度比較をするために、問題のレベルを下げなければいけない」と、当時言われてたんです。つまり、全世界的に学力が低下しているから、問題を易しくして年度比較ができるようにしようということです。

　私が東京大学で教えていた頃ですから、20数年前、よく覚えているのは、全ての学部長が集まった入試の会議で「ほんとに切羽詰まっている。国語力が落ちていて、文章がろくに書けない。何とかしてくれ」と言ったのが、その時の工学部長でした。だから、そういう学力低下というバックがあると思います。

斎藤　ということは、日本の国語力自体も下がっているわけですよね。
養老　そうです。ある種の国語力が下がっている。
斎藤　そうですよね。でいながら、これだけ「早期英語教育だ何だ」って、英語に力点を置かれることに対して、どう思われますか。
養老　そういうことを言っている人の国語力がすでに下がっているんだと思います。私が東京大学にいたのは20年以上前です。そういう人が40代50代になって、中堅どころになっているはずですから、その基準からすれば上にいる人たちがもう駄目です。

　私は、学力の低下は、世界的な傾向でもあると思います。「ネットサーフィン」って言っていますけど、ネットの中を泳ぎ回る、これだと脳の使い方も違ってきています。つまり、物を考えること自体が変わってきていると思います。本音で言うと、考える能力がある人は少ないです。考える能力がある人は面白いですけど、例えば、「グローバル企業に勤めているサラリーマンでした」と言っていても、会って話してみたら大体面白くないですね。
鳥飼　考える能力がある人を増やすって、根本的なことですけど、どうしたらいいとお考えですか？
養老　これは、もう社会構造に大きく依存していますから、簡単に言えないと思います。
鳥飼　教育でどうなるものでもない？
養老　どういう人がその社会構造の中で有利かということで決まっているわけですから。僕がいつも例で出すのは、北里大学の生徒に授業で、「コップがあって水が入っている。インクを1滴落とすと、しばらくしたら消えるだ

ろう。インクはどうして消えるんだ」と理科系の大学生に質問したことがあった。そうしたら、見事な答えが返ってきた。「そういうもんだと思っていました。」

斎藤 なるほどね。

養老 これが一番楽な方法です。大学に入ってくるまでに、そういうものを彼らは学んでくる。つまり、いかに考えないで済むかということを学んでくるんです。

斎藤 それは言語の力、つまり、考える力ってある程度言語の力だと思うんですけども、それは小さい頃から言語のトレーニングといいますか、それを受けていないからですかね。

養老 そう。その種のトレーニングは受けていない。言語を浅く取るようになったといいますかね。「ググる」ことの問題点はそこでしょう。何でも次々答が出てきてしまうので、それをフォローするのに時間がつぶれてしまう。そうすると、それをちょっと置いて「はて？」と、自分で考えるというモチベーションは、まずないんじゃないでしょうか。ぱっと見て「あ、そうか」で終わり。

斎藤 自分で考えようとすれば、当然言葉を使わなければいけませんからね。言葉を運用する、そのスキルで。

●社会脳

養老 これは、私はよくは説明できないですけど、今、心理学なんかではっきり言われていますが、人間の脳は局在的に考える。つまり、何かしているときに脳の決まった場所が動くわけです。普通こうやって話している場合に、動いている脳の部分が3カ所ぐらいある。このうちのひとつは「社会脳」と言われているんです。人の表情を見たり、それに言葉を付け

鼎談 「英語教育におけるバカの壁」 105

加えてこうやって話す働き。この社会脳と、もうひとつ、数学の問題なんかを考える部分は「非社会脳」と言う。それじゃあ、脳の活動としてどっちが中心かというと、実は「社会脳」が中心です。

鳥飼 そうなんですか。人間は、そもそもが社会的な動物だということですか？

養老 極端に言うと、人間は、何もしていないときに脳を測ると「社会脳」になっています。しかも最近は、生後２日からすでにそうだと。お母さんと付き合わなければいけないので。

　人間は社会性動物です。そういう社会性動物であることによって、脳が大きくなった。それは、猿の研究で分かったんです。猿の脳が進化の過程でどのように大きくなるかを調べるために、いろんな種類の猿の脳みその大きさを測るんです。ただし、それは体重で当然変わってくるので、実は、人間と比較するために体重の４分の３乗で割るということですけど、まあそれはいいとして、猿の脳の大きさをいったい何が決めているのか。一番相関が高いのはその種類の猿がつくる個体群の数です。つまり脳の大きさはどのくらいの大きさの群れをつくるかで決まるんです。

鳥飼 じゃあ、群れが大きいといろいろ考える……。

養老 お互いの関係がややこしくなり、脳が大きくなるんです。

斎藤 そうか。大学の中に居ると、いろんな人がいるし、とにかく教授なんていうのは変わり者の集団ですから……。

鳥飼 その中で、そういう大きな学部を束ねている人だったら、結構大きな脳を持った人だということ？　本当に？　そんなに賢くない人もいるような気がしますけど。

養老 そうです。それが社会脳なので。社会脳の欠点というのは、時にとんでもないことを起こすんです。原発事故、それに1986年のチャレンジャー号爆発事故が典型でした。宇宙船の爆発事故。技術者は打ち上げをやめろと言ったのに、トップというか、お偉いさんが「もうみんなに約束して、新聞記者も呼んだし、打ち上げる」って。何度か延期されているのでもう延期できないと。広報の都合で強行して事故になったんです。事故になることは、実は予測されていました。

鳥飼 技術者はやめろって言ったんですね。

養老 温度が低すぎるんです。Ｏリングってご存じですか。機械の中によ

く入っているゴムの輪っかみたいなやつ。これが、あの気温になるとかちんかちんになる。だから打ち上げの時「この気温では駄目だ」と言ったんです。「だけど、みんなに約束しちゃったし、打ち上げの予定を決めちゃった」とか言っているのは、これは基本的に全部社会脳です。トップにそういう人が来やすいんです。だから社会脳がこういうものを扱うというのは危険です。

●脳とコミュニケーション

鳥飼 言語と脳の関係というか、言語と思考との関係というのは、ずっと昔からいろいろ研究はされていますよね。先生のお立場からご覧になると、例えば社会脳との関係で言うと「コミュニケーション能力」とよく言うのは、社会脳ですか。

養老 そうです。

斎藤 だけど最近の、とにかく英語教育に端的に表れていますけど、コミュニケーションが大事だと。対人的な言語の運用が大事であって、言語っていうのは、ほんとは頭の中での思考とかをつかさどっている重要なものだけど、それよりは、対人的な言葉の運用のほうが大事だという感じ。

養老 そこに、見事に今言った「社会脳」「非社会脳」という脳の二分が出ているんです。だから言語を使って物を考えると、哲学が典型ですけど、そういう作業は社会脳の作業ではない。同じ言葉を使っても脳の違うところを使ってやっているんです。

鳥飼 今、それが英語では完全にごっちゃになっていますよね。ごっちゃになっているというか、ひとつの面しか見ていない。

斎藤 脳との関係で言うと、最

近、言語教育とか言語学習の理論を、妙に脳に結び付けようとする、脳科学から見る言語を分析しているみたいなところがあって。これがこれで、少し怪しいところがあるんですけどね。

養老　かなり怪しいですね。

鳥飼　認知言語学とは違った感じで、脳神経科学と結び付ける英語学習法や異文化学習法みたいなのが最近はありますよね。

養老　脳は学習の場所まではわかりません。脳は勝手に適応してしまいますから。例えば、脳卒中が起こるでしょう。そうすると、神経内科の医者が診た時、病気になったすぐあとはきれいに症状が出るんです。だから、論理的に、「ここがやられた。あそこがやられた」と詰めることができるんです。これが、一ヶ月、二ヶ月、三ヶ月とたつと、どんどん分からなくなるんです。脳が適応してしまうから。まさに、勝手にリハビリを始めて治してしまう。

斎藤　そういうものですか。じゃあ、単純に、脳がこうだから言語がこうだなんてことは言えないんですか。

養老　脳のほうが相手に合わせてしまいますから。それは、脳の実験を本気でやっているとよく分かりますよ。だから、私は、ノーベル賞クラスの脳の仕事すら信用していないです。根本的にそうかな？　と思う。

　例えば、デービッド・ヒューベルとトルステン・ウィーセルが、麻酔をしてある猫に網膜からいろいろなものを見せて、情報が送られていって、きれいにこうなっていますという実験をやった。私は、本当に猫が物を見ているときにこうやって見ているかって。これは、ヒューベルとウィーセルがそういう実験系を組んだから、猫の論理じゃなくて、彼らの持っている論理じゃないのかって。だから、脳って実験にあわせてしまうところを持っているんですよ。こういうものだと思って見れば、そういうふうに反応している。

斎藤　なるほどね。それは、実験をする人の1つの思い込みというか、それに脳が合ってしまうわけですね。

養老　そうですよ。だって、脳はそういうものだから。だから、コンピューターは銀行で使っても工場で使っても、コンピューターはコンピューター。

　例えば、最近の研究では、注視ニューロンと言って物事を注目して見る、それが猿にある。どうやってそれを調べるかというと、知覚領にそういうニューロンがあるということを猿に電極を突っ込んで調べるわけです。でた

らめに入れても分かりませんから、どうするかというと、まず猿を訓練するんです。それで、壁を見せておいて、壁に光のスポットが出るんです。猿が目でそれを追ったら、勝手にジュースが出る。そのうちに猿はすぐに覚えて、光の点が出ると追うようになるんです。そうすると、注視ニューロンが引っ掛かるんです。そういう学位論文があって、僕は審査に出ていたんですけど、審査の最中に言っては悪いと思ったから、終わってから、「猿って、そういう訓練をしてなくても注視ニューロンはあるんですかね」と言ったんです。つまり、訓練しなくては実験ができないんです。それは非常にトリッキーです。単線的に物を考える人には絶対に向かない分野です。それでも、それなりに業績は上がりますよ。うっかりするとノーベル賞がもらえるかもしれないけど、僕は、基本的にそれはうそだろうと思っている。

斎藤 なるほど。たまたま、その猿が訓練されたからそうであって、それは、猿の脳の特性ではないと。

養老 中里介山の『大菩薩峠』に、猿回しが猿を選ぶときの基準があるんですけど、きょろきょろしない猿を選ぶんです。

鳥飼 きょろきょろしない？

養老 注視ニューロンを初めから持っている猿だから。

斎藤 そうか。そういう猿が居るんですね。

養老 だけど、全部の猿が持っているかといったら、そんな保証は何にもない。

●数学ぐらい普遍性の高いものはない

養老 事故かなにかで脳が損傷を受け既存の言語を失ってしまったら脳はリハビリします。新しい言語を学ぶのだって全く同じですよ。去年の暮れに、津田一郎さんという北海道大学の数学の研究者ですけど、前からカオスをやっている面白い人で『心はすべて数学である』（文藝春秋、2015年）を出しました。これって、むしろ人文系の人がちゃんと言わないといけないことなんです。どういうことかというと、数学ぐらい普遍性が高いものってないんです。数学は実験室も工場も何も要らない。人間が頭で考えたら分かること、これぐらい共通のことはないんです。僕は、前から数学は「強制了解」と呼んでいるんです。ちゃんと考えたら了解せざるを得ない。ということ

は、それは、人間の脳の働きの根本です。そうすると、彼が言っているのは面白くて「心は脳の外に外在する」と言うんです。それは、人文系の前提でしょう。どういうふうに外在しているかというと、自然環境と社会環境です。大きく分けて2つの環境がありますが、それに心があって脳みそが適応するようにできてくるんです。それに、一人一人考えが違うのは当たり前で、みんな遺伝子が違っていて、脳みその出来がそれぞれ違います。それから、小さいときから置かれた局面がそれぞれみんな違いますから、違うふうに考えて当たり前なんだけど、現在の状況にも適応しているという見方を一方でしないといけない。

　脳のここが壊れたらものの働きも壊れますというのを局在論と言いますけど、昔からの全体論と局在論が並行して走っています。コンピューターの部分を捉えて、「ここは何をしている」と言っても、銀行で使っても、工場で使っても、コンピューターはコンピューターですから、物の見方が全体論と局在論の両方要るんです。津田くんの考えは、そういう意味では、言ってみれば非常に極端に全体論ですよね。そういう見方を取ると、今言ったコミュニケーションとか、考えることが一緒に、ある視点を持つことができるような気がするんです。それは、人類なら誰でも心が普遍でしょうということです。

●脳はカオスである

斎藤　人が話している外側を見て、何かそういうものがあるはずだと、外から分析していったらそういう結果になったということですよね。ただ、適応しているだけなのかもしれない。

養老　その部分がかなりある。なぜ人間の言語が発生したかということについては、『唯脳論』（養老孟司

著・ちくま学芸文庫）に書きました。つまり、チンパンジーと人間って、目玉の大きさが同じですよ。耳の大きさも同じです。で、そこから入ってくる末梢情報は同じですから、その末梢的な情報が大脳に最初に上がってくる部分を、一次中枢と言うんですけど、一次の聴覚中枢と一次の視覚中枢って、人間もチンパンジーも同じです。何が起こったかって、脳が大きくなってその距離が離れたんです。距離が離れたから、目と耳の間に空白というか、スペースができてしまった。そうすると、目と耳をどうしてもつながなければならない。だから、目と耳の共同の情報処理ができるのが言語でしょう。つまり、文字を読んでも、音を聞いても、同じ日本語になる。こんなめちゃくちゃなことはほかにないんです。動物が言語を使えないのは、その間が近いので、目は目、耳は耳で分かれてしまっているんです。

斎藤　そうか。じゃあ、われわれは、一概に脳がこうだからこうなっているなどという、言語もそうだけど、脳科学の局在論に基づく何とかなんてかなり怪しい。

養老　そっちから立てたら怪しいです。脳は、そういう意味でフレキシブルです。それから、分かっていない部分がたくさんありますから。何しろカオスですから。

斎藤　カオス。

養老　カオスがあるということは、いわゆる皆さんが論理的とお考えになるようなことが成り立たないということです。要するに、論理的な答えが出るということが成り立たないことが、論理的に証明できる。それを脳みそがちゃんと含んでいます。実験で分かってしまっています。人間なんて根本的には論理的じゃないのは当たり前で、記憶が典型です。記憶は論理的ではありません。

鳥飼　だから、同じことが起きても、記憶をたどって話をしてもらうと全然違うことを言っている。

養老　そうですね。小学校の同窓会なんて、みんなが違う話をしています。めちゃくちゃですよ。自分だって、テープか、記録か、何かとっておいて、10年たって見てください。「えーっ」と思います。脳みそは、保持している媒体が変わってしまうんだから。そうすると、テープに保持されているものが形を変えているって、当たり前なんです。

　だけど、皆さんはそう思ってないです。現在の自分で考えるから、本人が

言うんだから間違いないと。これは、民俗学がよく知っていますよ。年寄りが言ったことを聞き書きしたらそれはうそだったということはあります。ジャーナリズムなら必ず裏を取っていかなければいけないということは常識です。

鳥飼　同じものを見ても違う見方や違う記憶が出てくるのは、オーラル・ヒストリーなどの研究をしていると必ずあって、困るんですけど、人間は変化するということですね。

●英語についての思い込み

養老　英語教育の話は、自分が英語教育を考えるときに、いったい何を考えればいいのかということがまず決まっていない。基本的にめちゃくちゃなことをやっているじゃないですか。だから、「せめて知性の前提となる人間の脳ぐらいは考えてよ」と、僕はずっと言っていたんです。考えるときには、何かの基準を置かないといけない。

鳥飼　私、それでちょっと知りたいのは、英語教育をずっと見ていると、一番の壁が、普通の人が持っている英語についての思い込み。「コミュニケーションはこうあるべき」という思い込みみたいなのがあるんですけど、人の思い込みっていうのは、今の脳の関係で言うとどういうことになるんですか。

養老　まあ、先入観というか。

鳥飼　先入観。誰しも持っていますよね。それは崩せないんですよね。

養老　だって、それはギリシャ時代からですから「汝自らを知れ」っていう。もう、人間の癖みたいなもの。どうしようもないですよ。自分のことは分からないです。

鳥飼　それをもうちょっと崩して、ほんとうの姿を、英語ってこうだとか、コミュニケーションってそんなんじゃないでしょうということを理解させるっていうのは、やはり難しいんですね。

養老　僕が前から言っているのは、実は日本語のベースが違うんだということです。日本語が非常に変わった言語であるために、外国語は一般に得意じゃないんです。おしゃべりが。それは、中国人と比べたらすぐ分かります。中国人はめちゃくちゃに、相当下手くそでも平気で英語をしゃべってい

ますからね。
鳥飼　中国の人に聞くと、「英語という言語が偉いなんて全く思っていない」って、言います。だから話せるんじゃないですかね。日本人は、英語は偉いと思っているでしょう。
養老　偉いと思っている。そうです。だから論文を英語で書けって話になるんです。
斎藤　なるほど。
養老　そこら辺が僕は嫌いだったんですよ。

●グローバルは一億玉砕と同じ

鳥飼　英語でなくてもいいという考えもありますよね。
養老　そうそう。世界の言語はたくさんあるんだから。東大にいたときの学部長が、東大を国際的な大学にすると教授会でがんばっているんで、水を掛けたらかわいそうだからそれは言わないと思ったんだけど、国際的ってどういうことかなって。カンボジア難民、ベトナム難民、マレーシア難民かなとか。それって、中国も入るのかなって。何が国際的だよって。国際的という言い方がなくなって、グローバルになったんです。
鳥飼　そうなんです。今は、「国際的」って言わないんですよね、キーワードは「グローバル」なんです。
養老　そうやってごまかしているんだよ。
斎藤　行政が入ると、さらにスーパー・グローバルになりますからね。
養老　すぐ分かるでしょう。私らは、「一億玉砕」、「本土決戦」で育っています。そういうスローガンは全部うそだと思っています。
　私はそういう意味では、むしろ一般の人の常識を信用している。これは面白いんですよ。それを「大衆」と昔は言ったんです。大衆路線でそれを語ったのは、大宅壮一と司馬遼太郎です。もっとも普遍性のあるものは外在していて、そういう考えが採れるかどうかです。本来、人文系はそれじゃないと成り立たないと思うんです。
斎藤　そうですね。
養老　今は、逆になっていません？　人文系は個性的で、オリジナルですから。でも、意外に人文系の人はそういう確信を持たなくなってきている。

斎藤　確信というのは、常識に対する確信ですよね。持っていないと思います。

養老　司馬さんが売れたのが根拠です。司馬さんは、確実に普通の人を信じていると言っていいんじゃないかな。歴史家は顔負けでしょう。だって、僕が一番すごいと思っているのは、『坂の上の雲』を書くときに、10年間顔を上げて大阪の町を歩けなかったと書いています。葬式があっても不義理だろうと一切出なかったと。こもって、黄海海戦の地図とか、ずっと見てて、それが完全に頭に入っていると言っていました。歴史学者はそこまで本気で仕事をしたかと、私は言いたいです。

●自分が書いた英語を相手がどう読むか分からない

鳥飼　養老先生は「論文は英語で書かない」とおっしゃいましたけれども、例えば山中伸弥さんに言わせると、もちろん論文は英語で書くんだけど、「学者というのは、海外の学者と交流しなければいけないし、情報も得なければいけないし、いろいろ交渉もしなければいけないので、そういうときに、やっぱり英語が使えないと困るんだ」とおっしゃっているんですけど、その辺はどう思われるんですか。

養老　だって、そういう議論だったら、私は英語でやりますよ。ただ問題は、その扱っている問題によるので、これは、ある場合には文化の前提に引っ掛かってきますから、そう簡単じゃありません。それで、相手に話が通じ、自分が言いたいことをしゃべって……。だから自分の論文を、間違いなく英語で書けるんです。私は論文を書いているときに思ったんですけど、一番分からないのは、相手がそれをどう読むか分からないんです。これが母国語でないときの一番大きな問題です。相手の英文が分かるほど、私は英語の世界に習熟していない。これは、ほんとに昔の英文科の教授が、誰だったか忘れましたけど、小説の文章を丁寧に解説したのを読んだ瞬間に、俺はここまで読めないってはっきり分かりました。言葉っていうのは文脈依存であって、定義があるわけじゃないですから。

鳥飼　そうですね。

養老　最近、村上春樹の文章を、神戸の先生が割合に丁寧に翻訳と引き比べて、日本語との違いを指摘していますけど。もっと根本的に、一番大きな日

本語の特徴というのは「読み・書き・そろばん」だということ。読みが頭に来る言語はどこにもありませんって。フランス人だったら、そんなこと認めませんよ。言語は音声だって頭から決めていますから。そうじゃないんです。歴史的に文字が後から出てきただけの話で、脳から見ると、能力としては、当然初めから備わっているわけです。文字っていう手段がなかっただけです。だから、どこの文化でも、文字がある意味では自然発生したわけです。だから、文字がこんなにたくさんできたんですよ。そういうふうに考えると、歴史的には音声が先行しましたが、もともと文字言語と音声言語は、能力としては同時発生です。

鳥飼 そういうことですか。音声（オラリテイ）が先だと言われていますが。

養老 日本は、実はその点で非常に変なことをしたわけで、中国から文字言語を入れたものですから、それを千年以上の歴史をかけてここまで持ってきてしまった。だから、字がないと意味が通じない言葉が山ほどできたんです。

「コウクウ」って、よく例に採るんですけどね。高い空なのか、aviationの飛行機の航空なのか、口の中なのか。それだけ聞いたってよく分からないんですよ。それは、漢字が頭にあるから。

斎藤 だから、その言葉を使うときの運用の理念も違えば使い方も違うわけですよね。実際に、いま日本中で、幼稚園あるいは小学校から、全部英語だけで教科を教える所ができてきましたけど、私はまだ成功例を見たことがないんです。

養老 それは、今の日本人がやっているからですよ。英語が偉いと思っている人とか。そうじゃなくて、英語でしゃべる、英語でコミュニケーションを取るときに、必要なことは何だというのをきち

んと教える。昔ですけど、僕が若い頃に、岩手に中津燎子さんという女性の方がいて地方で英語を教えた。その方はどうやって教えるか。8メーターか10メーターぐらい離れて、声を出すところからやったの。発声練習から始まる。これは本物だなと思いました。声の出し方が違いますからね。中国人を見たら分かるでしょう？　日本人は、あの大声は出せません。

鳥飼　今、おっしゃったのは、大宅壮一ノンフィクション賞をとった中津燎子さんの『なんで英語やるの？』に出てきますね。日本人が音を出せないのに驚いて特訓する話ですよね。

養老　やっぱり発声練習からしないと。正しい英語って実はないんです。僕はオーストラリアに居ました。三ヶ月ぐらいで、私はしゃべるのは全然不自由ではないんですけど、聞くほうが難しい。だから、私は、当時、1970年前後でしたから、戯曲の台本、あるいはテープがないか英文科に聞きに行ったんです。そうしたら、「おまえ、珍しいことを言う。そういうことを聞きにきたやつは初めてだ」って。こっちが材料にされたんで逃げてきた。

斎藤　そうですか。

養老　つまり、まじめな話は分かるんですが、日常的に彼らが会話をしていることが耳に入らない。コミュニケーションって、そういうものでしょう。

●なめているばかりの日本人

養老　今のコミュニケーション中心の人は、言葉という問題を甘く見ている。本気で言葉に命を懸けてと言うとオーバーですけど、そういう人が言うことですよ。

鳥飼　言葉を甘く見ている人が多いというのは、よく分かりますね。

養老　その違いが出てきていると思います。

斎藤　鳥飼さんも私も日本学術会議に入っていて、今度、今の言語政策というか言語教育に対する提言を出すときに、まず、語学をなめてはいかんということを言おうじゃないかと。

　つまり、最小限の努力で、文科省が「英語、英語」と言っている割には、予算なんて大して付けないわけです。それに対して、言葉をなめてはいかんということを言おうじゃないかと言っていて、まさにそのとおりです。

養老　おっしゃるとおりです。なめているから、ああいうことを平気で言え

るんです。これは、今の日本の大きな欠点です。多くのことをなめてやろうとする。やろうとして、動き出す人が甘い。戦前の軍部は、間違えたとしても命を懸けていましたよ。懸けてないのも居たみたいだけど。ちょっとそこが問題なんじゃないでしょうか。

　この間『新・観光立国論』（デービッド・アトキンソン著・東洋経済新報社）の帯に「この国は観光をナメている。『おもてなし』では外国人観光客は呼べない」と書きました。本気で金をぼったくってやろうと思ってない。お客さんだから、どうせ帰るんだから、適当に扱っておけばいいという本音が日本人にはありますよね。本当は、日本のことがよく分かって、本当に好きで、ここに住んでもいいと思う人だけ来てくれれば十分だと思っているわけでしょう。だから、観光を、そういう意味では商売だと思っていない。

　英語の話も同じで、それだったら思い切って機能的に、要するに、英語をしゃべる人たちと付き合わないといけない人たちを徹底的に教育すればいいじゃないですか。ほんとにプラクティカルな学校をつくって、しゃべれるようにしたらいいんですよ。私なんかもそういう訓練をやるって言ったら、三ヶ月でもいいですから、フルにやれと。それで成功すれば問題ないじゃないかと。

● **主体の存在**

鳥飼　でも、一般の人で英語は大事なのに、話せない、できないという人はほとんど「中・高6年やったのに、大学も行ったのに英語がしゃべれない」と、学校英語教育を批判するんです。だけど、英語を話すことの重みを感じていない。何かやっぱり甘く見ているんですよね。「じゃあ、どれだけあなたはやったんですか」と聞くと、ほとんどやっていない。

養老　そうなんです。大変に決

まっているじゃないですか。私が最近よく思う英語と日本語の一番大きな違いは、アジア系とヨーロッパ系、一神教系と言ってもいいんですけど、主体の存在です。主体です、「I（アイ）」です。これは、相当問題で、私は例えば「アイ・アム・ア・ボーイ」という言い方をするアメリカ人に「おまえ、『アイ』は要らねえ、『アム』って言え」っていう。あんなに略語が好きな人たちが、「いちいち『アイ』を入れるんじゃない」って。

　なぜ主体が存在するかということを僕は随分考えたんですけど、一番根本は「最後の審判」です。だって、全て死者が墓からよみがえって、主の前に出て裁きを受けるんです。そのときに主の前に出るのは誰ですか、と本気で考えたことがありますよ。私は中学から学校がカトリックですから。

　だって、これから私がアルツハイマーになって、完全にぼけた状態で死んで、神様に召されたときにアルツハイマーだったら神様が困るじゃないですか。「おまえ、あのときにこういうことしたろ」って言われても、

鳥飼　「記憶にありません」って（笑）。

養老　でしょう。いつの、誰が出てくるんですか。つまり、その人の一生を含んだ、抽象的な、4次元的な存在としての答え、人がないと、最後の審判という考えそのものが成り立たないです。旧約聖書ですけど、一神教の世界にはそれがあるんです。その人が、神と対峙しているわけですから。われわれはそういう文化を持っていないです。だから、ローマ時代には、コンスタンティヌス以前は当然ほとんどないですから、ラテン語なら主格がありません。コギト・エルゴ・スム。「スム」で終わりです。英語の「アム」。そういうところが根本的に違うという話です。

斎藤　彼らは、日本語で話すときにも「私は」と最初に言いますよね。でも、日本人から聞いて、「私は何とかです」と言われても不自然ですよね。「私は」は要らないで、「何とかでございます」と言ってくれれば、それで済むのに……。

養老　私は、朝出てくるときに、女房に、「行ってくるよ」と出てくるんですけど、そのときに、「私」と言うばかは居ないだろうって、講演でよく言うんですけど、みんな笑っていますよ。

● 8割、7割の見えない部分

斎藤 必然性があって、どうしてもやらなくてはいけない人だったら、恐らく意識せずにそういう中に飛び込んでいってマスターするでしょうけど、今の日本の大学のグローバル化というのは、だいぶ違いますよね。スーパー・グローバル・ユニバーシティーって妙な政策が始まって、東大も採択されてしまったんですけど。

養老 そんなのやめてしまえ。

斎藤 スーパー・グローバルという変な、その名前自体がグローバルじゃないだろうという、へんちくりんな英語ですけど、大学のやっているほかのことのほうが実は重要で。東大にしたって、実は、本当に東大の研究・教育で一番重要なところって、圧倒的に日本語でなされているんです。ところが、文科省の事業に採択されんがために、全部英語でやる授業を増やそうとしている。ほかの大学の申請書を読んでも恐るべしで、大学院を全部英語にしますとか言っているわけです。必然性のない所に英語を持ってきて、要するに、そこが海外から見て一番見えやすい所ですので、大学の一番いい部分が見えなくなっているというパラドックスがあるんです。

養老 これは企業も同じで、多国籍企業とローカル企業の違いで、もちろんいろいろ中間がありますけど。ただ、経済で見ていると、今の日本でいわゆるグローバル企業は、確か、雇用人員で2割、GDP比率で3割です。ローカルは、それぞれ8割、7割ですから、それはないことになっているんですよ。メディアでは見えないんです。「株が上がった下がった」と言っても、ローカルは上場していない会社がほとんどですから。ところが、8割、7割といったら、実態としてはほとんどでしょう。だから私は、世界は完全に誤解の上に成り立っているという感じが、今はもうしています。

　冨山和彦さんが『なぜローカル経済から日本は甦るのか』(PHP研究所、2014年)を書きましたけど、これを変な言い方をすると、古いタイプのナショナリズム、安倍晋三さんなんかと一緒にされてしまうとかなわないんだけど。これは、なかなか難しい。日本はいつもそうです。反対側と親和性があるように見えてしまう。政治ってそういうものですから、私は嫌いです。

●語学を方法論として教えよ

養老 人文系のそれぞれの学科があるのは当然だと思うんですが、一方ではプラクティカルな点を、もうちょっと大学の先生は考えてもいいんじゃないですか。

斎藤 確かに、それはそうですよね。僕は、英語の教師でもあるし、英語は徹底的にやったらいいと思うんです。どんだけ難しいかが分かるから。

養老 そうそうそう。

斎藤 本気でやってみたら、そんなに簡単にグローバルだとか、コミュニケーションだとか、そんなものじゃなくて。日本語と英語との差異ということに敏感にさせて、言葉って生易しいものじゃないんだということをまず教えるべきだと、私は思っているんですけどね。

養老 私は本当に感じます。人文系もやっぱりそういう新しい視点をどんどん入れないといけないですね。「脳は俺の関係じゃねえ」とか思ったらまずいです。

鳥飼 それが文系の悪いところですかね。脳なんていうのは理系のことだからっていう。

養老 そうそう。頭から切ってしまう。そうじゃないんで、全部つながって

いるんですから、どっちみちこっちは頭で考えても変わりがないんだから。私は、よく言ったんだけど、日本の学問は対象に閉じ込められてしまう。方法がないんです。解剖学というのは、学問として珍しいんですよ。カエルを解剖したって、人間を解剖したって解剖ですから。極端に言ったら、日本経済を解剖したっていいんだから。結局、それは方法論ですから。相手が何であれ、方法を持っている人がプロなんです。教育をそういうふうにやらないから、役に立たないって言うんでしょ。方法を持っていれば、当たるときは当たるんです。使わないときはどうしようもないけど。分かりやすく言えば、日本の学問は、食べ物に例えれば和食学、中華学、洋食学、だからそれぞれの料理しかできない。それに対して私が学んだのは包丁の使い方だから、どこの料理でも下ごしらえまでは行くって。それが、基礎的ということですよね。

斎藤 学問の対象をただ輪切りに切ってみて、見かけだけを見るんじゃなくて、そこを構造的に、横断的に、方法論的に見るような視点というのは、確かに今の学問には欠けていますよね。だから、人文系はどう配合すべきだとか、理系はこうだって言うけど、実は、そこにそんな壁はないということですよね。つながっているんだってのは視点の問題、方法の問題です。やっぱり、教育は、本当は方法しか教えられないと、僕は思うんです。英語もまさにそこでしょう。英語という方法をどう教えるか。

鳥飼 そうか。英語を教えるのではなくて、英語という外国語をどう学ぶかということを方法論として教える。その視点が大事だということですね。

養老 どういう外国語でもそれがいくはずです。それがいかないとということと、また別の話になるんです。

●平たいところから議論をはじめる

養老 実は、言語は文字言語でもあるということは、意外に言われてないんですよ。

斎藤 昔、日本人と中国人は筆談で話していたこともありますけど、文字ですよね。ああいう文化があったということですよね。だから、音声じゃないですよ。

養老 中国自体がそうでしょ。北京語、広東語、上海語、福建語のように大

きな言語が4つある。お互いに筆談ですよ。私が台湾に最初に行っていた頃は、テレビは全部字幕が出ていました。台湾は福建語でしょう。北京じゃないですから、しゃべっていることが分からないと、年寄りは字幕を見ているんです。だから、漢字ってなくてはならない理由があるんです。言語とか文化の話はもうちょっと難しいことを言わずに、そういう平たいところから始めたらどうですかね。かなり平たいところから誤解があると僕は思う。

斎藤 なるほど。中国語だからといってお互いに通じるわけではないですね。同じ国だから通じるという先入観の壁って取り除けないのかもしれませんよね。

養老 だから、私は脳だと言ったんです。脳に落とせば、これも強制了解ですよ。認めなければしょうがないという話です。ここが壊れたら動かないんだよ。だから、共通の尺度がないと、言葉という非常に異なったものを議論するときは、地面がなくなってしまうんです。で、その地面の構築が文科系では非常に難しいんです。

鳥飼 そこに、文化はどう関わってきます？

養老 だからいま一番普遍的なベースがグーグルになっているんです。これが、基本的に英語でしょ？

斎藤 そうです。アメリカのスタンダードが普遍になってしまっていますよね。

養老 これは本当に難しい問題で、言語に限らず、生物多様性ってそのことですよ。生き物はいろんなものがいるんです。それを「生物多様性」と一言にしてしまいます。

斎藤 ああ、そうか。多様性が普遍であるように見えてしまいますよね。

養老 そうなんです。それでどんどんぶっ殺しているんです。言語もそうでしょう。どんどん共通化されていく。地球が北朝鮮状態になるのは、それほど遠くない将来だろうと思っているんです。

斎藤 弱肉強食ゲームの中で、どんどん消えていきますからね。

養老 そうなんです。

鳥飼 言語が幾つも消えていますよね。今、日本はとにかくグローバル人材をつくらないと日本はやっていけないという感じで、まずは英語だと躍起になっていて、日本語や日本文化の未来など考えていないですよね。

養老 ぎりぎりのところに来て、さっき言った本気でやると言ったら、そん

な主張はひょっとするとテロになりますね。

　基本的には、森有礼がそうでしょう？　伊勢神宮の御簾をステッキで上げたと言って国粋主義者に暗殺されました。これは、言っているほうは何げなく言っているかもしれないけれども、実は、相当深刻な問題ですよ。結局、文化は言語ですからね。だから、英語教育を徹底してちゃんとやるという裏は、日本語の教育をちゃんとやる。

斎藤　まさにそうですね。そこが分かってないんです。本気でやるためにはそこまでしなくてはいけないということが。今、コミュニケーションを推奨しようとしている人たちは、言語というものがいかに複雑で、厄介なものかが分かってない。

養老　両方並行して走らないといけないということですから。本気でやるなら非常に苦労が多いです。漱石が苦労した、それですよ。胃潰瘍になっています。やっている過程で、それを分かってくれればいいんですけどね。でも、本気でやってなかったら大抵無駄になる。間違っても本気でやれば、大きな効果はありますけど。

まる（養老研究所にて近影）

養老孟司（ようろう　たけし）
1937年、神奈川県鎌倉市生まれ。現在、東京大学名誉教授。専門は、解剖学。
　著書に『唯脳論』『バカの壁』『「自分」の壁』『文系の壁—理系の対話で人間社会をとらえ直す』など、多数。

4人組獅子奮迅録（その3）

英語教育政策に関連した執筆者4人（大津由紀雄・江利川春雄・斎藤兆史・鳥飼玖美子）の取り組みを紹介します（2014年6月〜2016年6月）。これ以前の取り組みについては、『英語教育、迫り来る破綻』（2013）、『学校英語教育は何のため？』（2014）をご覧ください。

2014年

○6月　『新英語教育』6月号（5月10日発売）に、江利川春雄が「英語教育政策の傾向と対策」を寄稿し、政策の問題点と教師側の対応法を述べた。

○6月3日　経済同友会会員セミナー（クラブ関東大ホール）にて、鳥飼玖美子が「英語教育の方向と課題」について語った。

○6月15日　明英同窓会（浦安ブライトンホテル）で、大津由紀雄が「小学校英語はどうなるのか─現状の正しい把握と今後の見通し」と題した講演を行った。

○6月20日　岡山県高校教育研究会　英語部会50周年記念総会（倉敷市民会館）にて鳥飼玖美子が記念講演を行い、「日本の英語教育─過去、現在、未来」について語った。

○6月22日　長野市善光寺で開催された、浄土宗保育協会関東地区研修会長野大会にて、鳥飼玖美子が「英語早期教育の幻想」について講演を行った。

○6月24日　全日本教職員組合の『クレスコ』第160号（特集「何のための英語教育か」）に、江利川春雄が「グローバル・エリート育成で国民教育を破壊する英語教育政策」を寄稿した。

○6月28日　京都市で開催された新英語教育研究会プレ大会で、江利川春雄が記念講演「学校英語教育は誰のため、何のためにあるのか」を行った。

○6月29日　獨協大学天野貞祐記念館大講堂において、獨協大学創立50周年記念外国語教育研究所第4回公開研究会「日本における英語教育の現状と課題」が開催され、4人が登壇した。参加者は700名を超え、大盛況だった。講演タイトルは、江利川春雄「学校の外国語教育は何を目指すべきなのか」、斎藤兆史「英語学習・教育の目的」、大津由紀雄「母語と切り離された外国語教育は失敗する」、鳥飼玖美子「なんで英語の勉強すんの？」。その後、質疑応答を交えた討論とレセプションを行った。

○7月2日　漢字検定協会『漢検ジャーナル』Vol. 3に座談会「グローバル社会を生きるために何を学び、何を考えるべきか」（鳥飼玖美子、成毛眞氏、大西泰斗氏）が掲載される。

○7月5日　和歌山県教職員組合海草支部で、江利川春雄が「どうなん？　どうする？　小学校英語」と題した講演を行い、政策動向の危険性と、対応法を報告・提案した。

○7月19日　順天堂大学国際教養学部開設記念シンポジウムにて鳥飼玖美子が「グローバル市民とは何か―求められる資質」について講演を行った。

○7月19日　順天堂大学（本郷／お茶の水キャンパス　センチュリータワー）にて、鳥飼玖美子らも参加のもと、江利川春雄が「授業を活性化させ、学びを深める協同学習」と題した講演・ワークショップを行った。

○7月21日　立教新座高校オープンキャンパスにて、スーパーグローバルハイスクール・アソシエイト第3回ワークショップとして実施された「グローバル社会で求められる異文化コミュニケーションと英語」で、鳥飼玖美子が「グローバル市民と異文化コミュニケーション」と題した講演を行い、渡辺憲司校長と公開対談を行った。

○7月26日　明海大学浦安キャンパスにおいて開催された「ひらめき☆ときめきサイエンス　ようこそ大学の研究室へ」「ことばの世界を探ってみよう！」を大津由紀雄が主宰し、中学生約20名と、ことばの世界のおもしろさ、豊かさ、怖さなどについて語り合った。

○7月28日『初等教育資料』8月号に、鳥飼玖美子による巻頭言「子供と教育―言葉の体験学習がコミュニケーションを豊かにする」が掲載された。

○7月28日　国際教育振興会主催の英語教育方法研究セミナー（日米会話学院）で、大津由紀雄が「英語学習者はどこで、なぜつまずくのか―言語心理学からの検討」と題した講義を行った。

○8月4日　京都市で開催された新英語教育研究会第51回全国大会で、江利川春雄が「英語教育史から学び、未来を拓く」と題した講演を行った。

○8月4日　大阪大学で開催された「教師のための英語リフレッシュ講座」に江利川春雄が登壇し、「協同学習で英語授業をリフレッシュ」と題した講演・ワークショップを行った。

○8月7日　群馬県富岡市「甘楽経営者同友会」にて、鳥飼玖美子が「これからの英語コミュニケーション」について講演を行った。

○8月7日　明海大学浦安キャンパスにて開催された教員免許状更新講習で、大津由紀雄が「先生方に知っていただきたい認知科学（こころの科学）」と題した講義を行った。

○8月7日　栃木県日光市教育委員会主催の小中学校教員研修会で、江利川春雄が「人間関係力と学力を高める学び愛の協同学習」と題した講演・ワークショップを行った。

○8月8日　鳥飼玖美子『英語教育論争から考える』（みすず書房）刊行。

○8月9日・10日　東京言語研究所主催の「教師のためのことばワークショップ」（西新宿）を大津由紀雄がコーディネートし、ワークショップの背景についての講義を行った。

○8月11日　大阪のMARUZEN＆ジュンク堂書店梅田店で、江利川春雄が「学校英語教育は10パーセントのエリートだけのものではない」と題した講演を行い、英語教育政策の問題点と目的論を論じたあと、『学校英語教育は何のため？』のサイン会を行った。

○8月12日　大修館書店の『英語教育』9月号に、外山滋比古『国語は好きですか』（大修館書店）に対する大津由紀雄による短評が掲載された。

○8月12日　大修館書店の『英語教育』9月号に、江利川春雄が久保田竜子氏と共著で「学習指導要領の『授業は英語で』は何が問題か」と題した論文を発表。「授業は英語で」といった単一言語主義が世界の言語教育研究からみて時代遅れであり、学習指導要領に盛り込むことが誤りであることを論じた。

○8月17日・18日　香川大学で開催された「教育のつどい2014教育研究全国集会in香川」の外国語分科会で、江利川春雄が基調提案を行い、外国語教育政策の問題点、対抗する教師の取組の方向性、実践交流の在り方等について提起した。

○8月18日　『アエラ』8月25日号「英語特集」にて、鳥飼玖美子が「きちんと学び、話す時には大胆に」と語る。（ライター　田村英治氏）

○8月19日　和歌山大学で開催された教員免許更新講習会で、江利川春雄が「英語授業改善のあの手この手」と題した講義・演習を行い、英語教育政策の現状を批判し、協同学習を取り入れた英語授業づくりなどを提起した。

○8月23日　埼玉県「グローバルキャンプSAITAMA」埼玉県県民活動総合センター（県民生活部国際課グローバル人材育成担当主催）にて、鳥飼玖美子が参加者から選ばれたプレゼンテーションにコメントと講演を行った。

○8月28日　『週刊新潮』9月4日号が、江利川春雄、大津由紀雄の見解を中心に、「特集　小学校3年生からの「英語教育」で英語も国語もダメになる！」を掲載した。

○8月28日　大津由紀雄編『学習英文法を見直したい』（研究社、2012年）が2014年度大学英語教育学会賞（学術出版部門）を受賞した。同書には4人組の全員が寄稿しているが、授賞対象は大学英語教育学会会員に限るという規定により、大津由紀雄と鳥飼玖美子が受賞した。

○9月　日本科学者会議編『日本の科学者』9月号の特集「多文化共生にむけた外国語教育を」において、鳥飼玖美子が巻頭言「多文化共生社会へ向けての外国語教育──課題と展望」を、江利川春雄が巻頭論文「近代日本の英語教育史が教えること」を執筆した。また、引山貞夫氏による『英語教育、迫り来る破綻』の書評が掲載された。氏は「国民的な世論を広げ、日本の外国語教育を『破綻』させないためにも、ぜひこのブックレットの味読と普及をお勧めしたい」と締めくくっている。

○9月1日　「共同ウィークリー」、『大学の英語入試に外部試験導入─4技能化に戸惑う教師、中高生─』（経済ジャーナリスト　中西享氏）にて、鳥飼玖美子が反対意見を述べた。

○9月12日　『週刊金曜日』9月12日号に大津由紀雄のインタビュー記事「日本語も英語も身につけられない子どもが増えるだけです」が掲載された。

○9月13日　大修館書店の『英語教育』10月増刊号に江利川春雄が「英語教育日誌〔2013年4月〜2014年3月〕」を寄稿し、グローバル人材育成を中心とする2013年度の英語教育界の動向を紹介、問題点を指摘した。

○9月16日　『週刊東洋経済』9月20日号特集「学校が危ない」において、鳥飼玖美子インタビュー記事「小学校の英語教育は百害あって一利なし」が掲載された。

○9月19日　日本認知科学会第31回大会（名古屋大学）で、大津由紀雄が認知科学会フェローの称号を受け、同じ称号を同時に授与された山梨正明京都大学教授（当時）とことばの認知科学について語り合った。

○9月20日　『WEDGE』10月号『英語入試は『幕末維新』導入始まる4技能評価　対応迫られる教師、中高校生』（経済ジャーナリスト　中西享氏）にて、鳥飼玖美子が反対意見を述べた。

○9月24日　アラカワ・セントポールズ・クラブ／荒川区教育委員会共催の講演において、鳥飼玖美子が「グローバル市民としての英語」を語る。

○10月18日　滋賀県大津市で開催された「全教大津の日」で江利川春雄が「協同と平等で全員を伸ばす英語教育」と題した講演を行い、競争主義とエリート主義的に基づく「グローバル人材」育成策を批判し、平等と協同の原理による授業改革を呼びかけた。

○10月19日　名古屋学院大学創立50周年記念大学院講演会で、大津由紀雄が「小学校英語の教科化と「英語の授業は英語で」は同根の過ち―言語の認知科学の視点から考える」と題した講演を行った。

○10月24日　斎藤兆史が愛知淑徳大学において「教養を身につけるための英語学習法」と題した講演を行い、実用志向の英語教育を批判した。

○10月25日　鳥飼玖美子が東北大学「言語・文化教育センター設立記念セミナー：グローバル時代における外国語教育の新たな可能性」において基調講演「グローバル時代に求められる大学の言語教育」を行った。

○11月7日　全英連（全国英語教育研究団体連合会）秋田大会にて、鳥飼玖美子が「グローバル時代の英語コミュニケーション―国際共通語・異文化理解・アイデンティティ」と題した記念講演を行った。

○11月14日　*CoReCa*（公益財団法人国際文化フォーラム）創刊号に大津由紀雄の論考「「ことば」という視点から言語教育を再構成する」が掲載された。

○11月15日　大阪樟蔭女子大学において開催された「英語教育大激論！2014―あなた

が英語教育史の証人となる！！」で、大津由紀雄が「小学校英語のいま―「惜別の辞」から5年」と題した講演を行い、その後、菅正隆同大学教授・元文部科学省教科調査官と激論を展開した。

○11月20日　鳥飼玖美子が静岡県英語教育研究会研究大会（静岡県総合教育センター講堂）にて「英語教育論争から考える学校英語教育の改革」と題した講演を行った。

○11月22日　鳥飼玖美子が「AFS100周年・AFS日本協会60周年記念式典」にて、「AFSの100年―留学から異文化理解へ」と題して記念講演を行った。

○11月28日　神戸女学院大学英語英文学会で、大津由紀雄が「有識者会議に委員として参加して見えてきたこと―「ことば」の不在と教育の両極化」と題した講演を行った。

○11月30日　東京言語研究所主催の「教師のためのことばワークショップ実践報告会―夏期講座で学んだ理論を実践につなぐ」（西新宿）を大津由紀雄がコーディネートした。

○12月5日　斎藤兆史が武庫川女子大学にて「教養と英語を同時に身につける学習法」と題した講演を行い、実用志向の英語教育を批判した。

○12月6日　関西外国語大学において、「4人組　西の陣」として第4回授業学フォーラム「英語教員としての英語力と授業力をいかに向上させるか」が開催された。内容は登壇順に、江利川春雄「協同的な学びで全員の英語力と授業力を伸ばす」、鳥飼玖美子「異文化コミュニケーションとしての英語教育」、斎藤兆史「大学英語教師の英語修業」、大津由紀雄「スーパーグローバル大学ではない大学での英語教育」と討論。オーガナイザーは同大学の村上裕美氏。

2015年

○1月10日　札幌市で開催された第48回全道外国語教育研究集会で、江利川春雄が「協同的な学びで学力と人間性を育てる―『グローバル人材論』を超えて」と題した記念講演を行った。

○1月17日　英語勉強サークル横浜主催の新年勉強会（戸塚、松本ビル）で、大津由紀雄が「ことばの科学からみた英語学習」と題した講演を行った。

○1月25日　岡山市で開催された岡山県高等学校教職員組合主催の「冬の高教組教研2014」で、江利川春雄が「グローバル・エリート育成策は学校教育に何をもたらすか」と題した講演を行った。

○2月5日　『授業力＆学級統率力』3月号に佐々木昭弘氏の「教師も「問題解決的な学習」を」に対する大津由紀雄のコメント「問題の発見」が掲載された。

○2月8日　全英連主催第8回「全国高校生スピーチ・コンテスト」にて鳥飼玖美子が審査委員長を務めた。

○2月10日　『新英語教育』3月号に大津由紀雄の論考「スーパーグローバル大学ではない大学での英語教育（上）」が掲載された。

○2月21日　鳥飼玖美子が岩手県英語教育研究会にて小中高の英語教員と、英語教育の実態について意見交換を行った。

○2月24日　斎藤兆史が東京工業大学の「リベラルアーツが動き出す」シリーズ講演会第2回「「グローバル時代」の外国語教育」のシンポジウムに登壇し、日本の大学の英語化政策を批判した。

○3月　江利川春雄の論文「英語教育史から見た小学校英語教育の問題点―国語教育との関係を中心に」が『ことばと文字』第3号（2015春号）に掲載された。

○3月1日　東京の立正大学で新英語教育研究会主催の「これからの英語教育を考える集い」が開催され、江利川春雄が「英語教育をめぐる危険な動きと私たちの課題」と題した基調講演を行った。

○3月1日　第20回FDフォーラムで、大津由紀雄が「大学英語教育の諸問題の本質的解決には教育全体を見渡さなくてはいけない。しかし、そうも言ってはいられない切迫した事態への現実的対処法も考える」と題した講演を行った。

○3月10日　『新英語教育』4月号に大津由紀雄の論考「スーパーグローバル大学ではない大学での英語教育（下）」が掲載された。

○3月14日　和歌山大学で新英語教育研究会和歌山支部再建総会が開催され、江利川春雄が「日本の英語教育は、どこへ向かおうとしているのか？」と題した基調講演を行った。

○3月14日　鳥飼玖美子編著『一貫連携英語教育をどう構築するか―「道具」としての英語観を超えて』（東信堂）刊行。同日、立教大学にて鳥飼玖美子の最終講義が行われた。

○3月22日　日本経済新聞に斎藤兆史が「今を読み解く―英語教育と日本人」と題する記事を寄稿し、日本の英語狂乱を冷静に見る視座を与えてくれる著作を紹介した。

○3月22日　高知市で開催された「子どもと教育を守る高知県連絡会年次大会」で、江利川春雄が「どの子も輝く外国語教育のために―グローバル・エリート育成策は何をもたらすか」と題した記念講演を行った。

○3月25日　『俳句界』4月号「連載―佐高信の甘口でコンニチハ！」において、鳥飼玖美子が「言語は文化」について対談を行った。

○3月25日　長崎大学言語教育研究センター主催の大学英語教育講演会「グローバル社会における大学英語教育の課題」で、大津由紀雄が「本道への回帰―グローバル化対処の前にやっておくべきこと」と題した講演を行った。

○3月31日　中部地区英語教育学会和歌山支部機関誌 EVERGREEN 第9号に、江利川春雄が論文「敗戦占領期における外国語教育政策の立案過程」を寄稿した。

○4月　『現代思想』4月号に江利川春雄が「『グローバル人材育成』論を超え、協同と共生の外国語教育へ」を寄稿。政府の英語教育政策の内容と立案過程を包括的に批判し、代案を提示した。

○4月15日　奈良教育大学附属小学校において開催された学習会で、大津由紀雄が「ことばの教育のあるべき姿―順を追って考えていきましょう」と題した講演を行った。

○4月18日　読売新聞「学ぶ育む―英語教育『敵性語』から必修化へ」において、江利川春雄と鳥飼玖美子がコメントした。

○4月23日　『学内広報』（東京大学広報室、No. 1467）の「淡青評論」欄に斎藤兆史が「『国際化』は『英語化』にあらず」と題する随想を寄稿した。

○4月29日　OBK（おおさかのおばちゃんの会）主催のシンポジウム「小学校英語が本格導入という流れに、保護者・小学校教師・英語教育者がどう対処すればよいのか」（大阪市生涯学習センター）で、大津由紀雄が「小学校からの英語教育をどうするか」と題した講演を行った。その後、小泉清裕昭和女子大学附属昭和小学校校長と柳瀬陽介広島大学教授と討論を行った。

○5月～7月　『実践国語研究』（明治図書出版）において鳥飼玖美子が「言語力の育成をどうはかるか―『言語力』とは何か」について3回にわたり論じた。

○5月19日　朝日新聞（東京本社版）に小熊英二氏（慶應義塾大学教授）が「思想の地層　拙速に進む英語教育　政策決定の背景」を掲載。『現代思想』2015年4月号の江利川論文を紹介しながら、学問的根拠も検証もない英語教育政策の異常さを論じた。

○5月31日　朝日新聞社会部「小学校英語について」鳥飼玖美子と吉田研作氏のインタビュー記事が掲載される（記者　伊藤和貴氏）。吉田研作氏「教科化妥当、学外の協力カギ」、鳥飼玖美子「『格差』が心配、中学こそ充実を」。

○6月4日　岡山市で開催された岡山県高等学校教育研究会英語部会で、江利川春雄が「英語授業を活性化させる協同学習のすすめ方」と題した講演を行った。

○6月13日　名古屋市の中京大学で「4人組　東海の陣」として「シンポジウム　グローバル化に対応した英語教育とは？」が開催された。開催校を代表して野村昌司より「グローバル化に対応した英語教育とは？　開催趣旨説明」が提起された後に、以下の順で講演が行われた。江利川春雄「グローバル人材育成策を問い直す」、鳥飼玖美子「グローバル人材からグローバル市民へ」、斎藤兆史「グローバル時代の大学英語教育」、大津由紀雄「本道に戻ってグローバル化に対応する」。

○6月27日　和歌山大学で開催された第45回中部地区英語教育学会和歌山大会でシン

ポジウム「英語教育の改革を考える―次の学習指導要領への要望―」が開催され、大津由紀雄、菅正隆氏（大阪樟蔭女子大学）、亘理陽一氏（静岡大学）が登壇し、白熱した議論を展開した。

○7月4日　和歌山県教研分科会世話人＆研究協力者会議で、江利川春雄が「公教育を歪める『グローバル人材』育成と英語教育の問題点」と題した講演を行った。

○7月4日　国際文化学会年次大会（多摩大学）シンポジウム「国際交流としてのグローバルツーリズム」にて、鳥飼玖美子が「異文化コミュニケーション専門家の必要性」について論じた。

○7月4日　慶應塾生新聞に「何を伝えるのか　手段としての英語を」と題した大津由紀雄のインタビュー記事が掲載された。

○7月4日　一般社団法人「ことばの教育」主催のシンポジウム「小学校英語でどんな力を育むか、あるいは、どんな力を育もうとしてはいけないか」（郁文館夢学園）で、大津由紀雄が「やはり、小学校英語はやらないに越したことはない。しかし、そうは言っていられない小学校の先生がたへの応援歌」と題した講演を行った。

○7月14日　大修館書店の『英語教育』8月号に、江利川春雄が「折に触れて読み返したい英語教育の名著―歴史的名著は現代を射抜く」を寄稿。「歴史をふまえない英語教育政策は、学校を疲弊させる」と述べた。

○7月18日　朝日新聞（東京本社版）夕刊がトップ記事として、「戦車でABC教科書に影　明治以降の英語3000冊分析」との見出しで江利川春雄の新著『英語教科書は〈戦争〉をどう教えてきたか』（研究社）を紹介。「『世界と戦う日本人』を養成しようとした戦前の教育が、その後どういう結果を生んだのか。私たちはもっと過去から学ぶべきです」との江利川の談話で締めくくっている。

○7月23日　NHK WORLD TV "JAPANOLOGY PLUS"において、鳥飼玖美子がPeter Barakan氏との対談で、日本の英語教育について論じた番組が海外で放映された。

○7月25日　明海大学浦安キャンパスにおいて開催された「ひらめき☆ときめきサイエンス　ようこそ大学の研究室へ」「英語の効果的学習法―英語が苦手な君に科学からのヒントを」を大津由紀雄が主宰し、中学生約20名と、英語学習法について語り合った。

○7月27日　国際教育振興会主催の英語教育方法研究セミナー（日米会話学院）で、「『ことば』という視点に根ざした英語教育の実現を目指して」と題した講義を行った。

○7月28日　『初等教育資料』8月号に大津由紀雄と直山木綿子氏（文部科学省教科調査官）の対談「小学校教育として外国語教育に求めるもの」が掲載された。

○7月31日　新潟県の妙高市で開催された新英語教育研究会第52回全国大会で、江利川春雄が「グローバル人材から地球市民へ　歴史から学び未来を拓く」と題した記念講演

を行った。

○ 8 月　Clinical Neuroscience 8 月号に大津由紀雄の論考「ことばの認知科学」が掲載された。

○ 8 月　イギリスの Palgrave Macmillan 社から、寺西雅之・斎藤兆史・Katie Wales 編著の Literature and Language Learning in the EFL Classroom が出版される。その第 4 章で、斎藤が、文法・訳読や文学教材を悪とする日本の英語教育改革の前提を批判した。

○ 8 月 1 日　第 10 回国際 OPI シンポジウム（函館国際ホテル）「ことばの教育の確立をめざして―母語教育と外国語教育の交流を深めよう」で、大津由紀雄が「「ことば」という視点―母語教育と外国語教育をつなぐために」と題した基調講演を行った。

○ 8 月 5 日　明海大学浦安キャンパスにおいて開催された教員免許状更新講習で、大津由紀雄が「先生がたに知っていただきたい認知科学」と題した講義を行った。

○ 8 月 7 日　大阪大学で開催された「教師のための英語リフレッシュ講座」の講師として江利川春雄が登壇し、「英語教育の歴史から英語教育政策を問い直す」と題した講演を行った。

○ 8 月 8 日・9 日　東京言語研究所主催の「教師のためのことばワークショップ」（西新宿）を大津由紀雄がコーディネートし、ワークショップの背景についての講義を行った。

○ 8 月 12 日　フジテレビ系列の「あしたのニュース」の今を読み解くシリーズ企画「みんなで考える　ニッポンはなぜ戦争をしたのか」で「英語教育と戦争」を特集。江利川春雄が出演し、戦前の英語教科書に盛り込まれた戦争教材の実態と特徴について解説した。

○ 8 月 20 日　うらやすこども大学（明海大学）で、大津由紀雄が「ことばの不思議―ことばは人間だけにあたえられた宝物」と題した講義を行った。

○ 8 月 26 日　NHK ラジオ第一「ホットトーク」において、鳥飼玖美子が広瀬公巳解説委員によるインタビューで英語教育の問題点を語った。

○ 8 月 28 日　兵庫県立川西明峰高等学校研修会で江利川春雄が「協同学習の効果的な進め方」と題した講演・ワークショップを行い、政府の英語教育政策の動向と、協同学習の導入法について述べた。

○ 8 月 28 日　富山県高岡市高岡市民ホールにて高岡教育委員会主催の講演会として、鳥飼玖美子が「グローバル社会に生きる子供たちとコミュニケーション能力の育成」と題する講演を行った。

○ 8 月 29 日　朝日新聞教育面「大学入試　英語に『外部試験』」において、鳥飼玖美子が「経済格差の固定化につながる恐れがある」「高校の英語の授業はただの試験対策になってしまう」と批判した。

○9月・11月　『実践国語研究』9・11月号に大津由紀雄の論考「『言語力』の育成を図るために」が2回にわたり掲載された。

○9月12日　青山学院大学における日本通訳翻訳学会年次大会シンポジウムにおいて、鳥飼玖美子が元会長として「通訳翻訳研究の過去・現在・未来」について講演を行った。

○9月13日　大阪市で開催されたCreative Debate for GRASSROOTSの研究会で江利川春雄が「小学生の英語教育─歴史から学び、未来を考える」と題した講演を行い、小学校英語を中心とした政府の英語教育政策の問題点と、対案としての協同学習の原理と導入法を述べた。

○9月14日　大修館書店『英語教育』10月増刊号に江利川春雄が「英語教育日誌〔2014年4月〜2015年3月〕」を寄稿し、安倍内閣の英語教育改革計画を中心とする2014年度の英語教育界の動向を紹介し、問題点を指摘した。

○9月18日　NHK「おはよう関西」が「英語教科書が伝える戦争」を放映。江利川春雄が、戦前の英語教科書の戦争教材の実態と教訓について話した。この特集を再編集した拡大版も9月29日のNHK和歌山放送局「あすのWA！」で放映された。

○9月25日　斎藤兆史が道家英穂氏・上岡伸雄氏とともにジュンク堂書店池袋本店のトークイベント（「死者との邂逅─西欧文学は〈死〉をどうとらえたか」）に出演した。

○9月27日　広島市で開催された日本英語教育史学会第254回研究例会で、江利川春雄が「自著を語る　英語教育と戦争教材『英語教科書は〈戦争〉をどう教えてきたか』を素材に」と題した発表と討論を行った。

○10月　『指導と評価』10月号に大津由紀雄の論考「『教育のグローバル化・国際化』と英語教育」が掲載された。

○10月3日　和歌山大学で開催された新英語教育研究会和歌山支部例会で、江利川春雄が「日本の英語教育の過去から学び、未来を考える」と題した講演を行った。

○10月5日　鳥取県米子市で開催された鳥取県西部地区高等学校外国語教育研究会で江利川春雄が「英語教育の未来　グローバル人材からグローバル市民へ」と題した講演を行った。

○10月10日　東京、私学会館で開催された（一般財団法人）東京私立中学高等学校協会・文系教科（外国語）研究会において、鳥飼玖美子が「グローバル人材育成と英語教育」と題する講演を行った。

○10月10日　ディケンズ・フェロウシップ日本支部秋季総会において斎藤兆史が「『オリヴァー・トゥイスト』を訳してみて分かったこと」と題した講演を行い、母語話者の文法の一部を構成している自由間接話法（描出話法）を学校文法から排除した実用コミュニケーション主義の流れを批判した。

〇10月17日　香川県高松市で開催された香川の教育をよくする県民会議総会で江利川春雄が、「グローバル・エリート育成策を超えどの子も輝く教育へ」と題した講演を行った。

〇10月17日　三田教育学会講演会（慶應義塾大学三田キャンパス）で、大津由紀雄が「ことばと教育について考えるときに必要な言語学と認知科学（と、ことばと教育をめぐる最近の動き）」と題した講演を行った。

〇10月24日　香川県高松市における香川県教育委員会主催「フロントランナー公開講座」にて、鳥飼玖美子が高校生を対象にグローバル市民としての異文化理解や留学について講演した。

〇10月31日　日本英文学会関東支部秋季大会の「音読の功罪と音読教材としての文学テクスト」というシンポジウム（司会：北和丈氏、講師：田邊祐司氏、久世恭子氏、斎藤兆史）において、斎藤が「声に出して読みたい文学テクスト」と題して、文学的な英文を音読する英語学習法の効用について発表した。

〇10月31日　高知県香美市で開催された高知県教育研究集会全体会で江利川春雄が「どの子も輝く教育のために　グローバル・エリート育成策を超えて」と題した講演を行った。

〇11月7日　日本英語音声学会20周年記念大会（広島県呉市）において、鳥飼玖美子が「国際共通語としての英語―音声指導の視点から」と題して講演を行った。

〇11月10日　江利川春雄の新英語教育研究会大会での講演記録「グローバル人材から地球市民へ―歴史から学び未来を拓く」が『新英語教育』12月号に掲載された。

〇11月14日　『President Next』（『President』11月15日号別冊）に永井忠孝著『英語の害毒』（新潮新書）に対する大津由紀雄による短評が掲載された。

〇11月26日　鳥飼玖美子が立教セカンドステージ大学公開講演会（立教大学池袋キャンパス）にて「歴史小説に見る長崎通詞」について語った。

〇11月27日　『教育と医学』12月号に大津由紀雄の論考「小学校への教科としての英語教育の導入と対応策」と江利川春雄の論考「何のための小学校英語の早期化・教科化なのか」が掲載された。

〇12月2日　和歌山県岩出市で開催された那賀地方英語教育研究会で、江利川春雄が「生徒をアクティブにする協同学習の進め方」と題した講演・ワークショップを行った。

〇12月4日　和歌山県那智勝浦町で開催された和歌山県高等学校教育研究会英語部会第5ブロック研修会で、江利川春雄が「アクティブ・ラーニングと協同学習で生徒の学びを高める」と題した講演・ワークショップを行った。

○12月4日　岡山大学言語教育センター公開講座にて斎藤兆史が「4学期制への移行の現状と課題」と題する講演を行った。

○12月5日　和歌山県新宮市で開催された和歌山県教育のつどい2015の外国語分科会で江利川春雄が基調提案を行い、政府の英語教育政策を批判し、代案としての協同的な学びの重要性などについて提起した。

○12月7日　和歌山県立和歌山高等学校で開催された和歌山県高等学校教育研究会英語部会第2ブロック研修会で、江利川春雄が「協同学習を取り入れたアクティブな英語授業作り」と題した講演・ワークショップを行った。

○12月12日　獨協大学で開催された同大外国語教育研究所シンポジウム「経済格差と英語教育」に江利川春雄が登壇し、「格差と競争から平等と協同の英語教育へ」と題した講演を行った。

○12月19日　松山大学大学院言語コミュニケーション研究会設立記念大会講演会で、大津由紀雄が「ことばと教育―理論と実践の両面から考える」と題した講演を行った。

○12月20日　西山教行、大木充編著『世界と日本の小学校の英語教育―早期外国語教育は必要か』(明石書店)刊行。江利川春雄は「歴史の中の小学校英語教育」を執筆。鳥飼玖美子は終章「小学校の英語教育は必要か」において西山教行氏、大木充氏の両編者と鼎談をしている。

○12月23日　名古屋学院大学講演会で、大津由紀雄が「ことばと教育―理論と実践の両面から考える」と題した講演を行った。

○12月26日　和歌山市で開催された新英語教育研究会関西ブロック合宿研修会で、江利川春雄が「戦後70年と英語教育の今後」と題した記念講演を行った。

2016年
○1月　通訳史をテーマにした英文学術書が刊行され、鳥飼玖美子が歴史小説に見る通詞について考察した。
Torikai Kumiko (2016). Nagasaki Tsûji in historical novels by Yoshimura Akira. In Kayoko Takeda & Jesús Baigorri-Jalón (Eds.). *New insights in the history of interpreting*. John Benjamins.

○1月6日　奈良教育大学附属小学校において開催された学習会で、大津由紀雄が「小学校英語問題を考える」と題した講演を行った。

○1月9日　広島大学大学院教育学研究科初等カリキュラム開発講座主催のシンポジウム「小学校英語教育の未来―現状と今後のあるべき姿を考える」で、大津由紀雄が「小学校での言語教育を考える―英語教育導入の流れの中で」と題した講演を行った。

○1月10日　斎藤兆史が『日本語学』(明治書院) 1月号に「訳読のすすめ」と題する論考を発表した。

○1月21日　日本工業倶楽部にて、鳥飼玖美子が「戦後日米外交と通訳者」について講演。

○1月23日　株式会社ラーンズ主催の「未来をひらくことばの教育とは—グローバル社会の伝えあう力・分かりあう心」と題されたシンポジウム(東京大学本郷キャンパス福武ホール)で、大津由紀雄が「ことばの教育のあるべき姿」と題した基調講演を行った。

○1月27日　大阪府四條畷市で開催された北河内英語教育研究会で、江利川春雄が「子ども同士の学び合いを大切にし、協同学習を取り入れた授業改善」と題した講演を行った。

○1月29日　中学・高校生のためのサイエンスカフェ(淑徳巣鴨中学・高等学校)で、大津由紀雄が「ことばの世界を探る—そのおもしろさと奥深さ」と題した講義を行った。

○1月31日　全英連主催第9回「全国高校生英語スピーチ・コンテスト」において鳥飼玖美子が審査委員長を務めた。

○2月　江利川春雄の論文(池田恵氏と共著)「グローバル人材育成をめざす英語教育政策の変遷と問題点」が『和歌山大学教育学部紀要・人文科学』第66号に掲載された。

○2月5日　中学・高校生のためのサイエンスカフェ(淑徳巣鴨中学・高等学校)で、大津由紀雄が「ことばからみた心—言語知識とその獲得」と題した講義を行った。

○2月10日　『日本語学』(明治書院) 2月号の特集「ことばの意識を育てる」に大津由紀雄の論考「ことばについて知ることの大切さ」が掲載された。

○2月10日　『新英語教育』3月号の特集「『オール・イングリッシュ』vs『コード・スイッチング』」に江利川春雄が参加し、文科省の「授業は英語で行うことを基本とする」という方針の問題点を語った。

○2月14日　日本経済新聞の「英語教育の早期化、30代女性で「賛成」9割」と題した記事に大津由紀雄の「外国語の文法を学ぶには、脳内にそのための枠組みが形成されていないと意味がない。まず小学校までは母語を使い、外国語を学ぶ枠組みを形成することを優先すべきだ(略)」という意見が掲載された。

○2月17日　鳥飼玖美子『本物の英語力』(講談社現代新書)刊行。

○2月24日　土浦市英語研究部講演会において、鳥飼玖美子が小中教員対象に「これからの英語教育—グローバル市民育成のための小中英語教師の役割」について講演した。

○2月27日　島根県雲南市で開催された「2015冬の学びin雲南・飯石」で、江利川春

雄が「これからの英語教育　本当に大丈夫？！」と題した講演を行った。

○3月7日　日本学術会議「文化の邂逅と言語」分科会で、大津由紀雄が「言語教育の実現に向けて―英語教育と国語教育の一体化」と題した講演を行った。

○3月12日　『週刊ダイヤモンド』における「Book Reviews知を磨く読書　第140回」にて、佐藤優氏が鳥飼玖美子著『本物の英語力』を取り上げて紹介した。

○3月13日　読売新聞「著者来店」に鳥飼玖美子が登場した。

○3月20日　四天王寺大学で開催された日本英語教育史学会第257回研究例会で、江利川春雄が「戦後英語教育政策史へのアプローチ」と題した発表を行った。

○3月24日　江利川春雄著『英語と日本軍　知られざる外国語教育史』（NHKブックス）が刊行された。書評が「朝日新聞」「日本経済新聞」「京都新聞」「熊本日日新聞」「しんぶん赤旗」『英語教育』『新潮45』『歴史群像』などに掲載される。

○3月30日　東京都千代田区で開催されたELEC春期英語教育研修会で、江利川春雄が「英語授業をアクティブにする協同学習のすすめ」と題した講演・ワークショップを行った。

○4月2日　東京大学大学院教育学研究科学校教育高度化専攻10周年記念パネルディスカッション（東大弥生講堂一条ホール）。当該専攻の教授である斎藤兆史は主催者、鳥飼玖美子（同専攻・元客員教授）はパネリストとして参加した。

○4月6日　日本経済新聞「春秋」において、鳥飼玖美子著『本物の英語力』が紹介された。

○4月7日　読売新聞朝刊の小学校英語に関する特集に「入門期は継続的に」と題した、大津由紀雄の意見が掲載された。

○4月8日　『文藝春秋』5月号に鳥飼玖美子による巻頭エッセイ「英語格差」が掲載された。

○4月10日　フジテレビ系列のニュース「新報道2001」が英語教育を特集。江利川春雄が日本の英語教育史やカタカナ発音表記の新展開などについてコメントした。

○4月13日　『週刊新潮』「特集―グローバル教育」にて鳥飼玖美子の、政府によるグローバル人材育成政策を批判するコメントが掲載された。

○4月13日　大津由紀雄・嶋田珠巳編『英語の学び方』（ひつじ書房）刊行。

○4月21日　『週刊新潮』特集「〈グローバル教育〉掲げて東大世界ランキングを下げた文科省の大矛盾」にて、鳥飼玖美子の英語教育政策批判が掲載された。

○4月25日　中日新聞「チェンジ　教育への提言」にて鳥飼玖美子インタビュー記事「使える英語はまず日本語から」が掲載された。(記者　加藤拓氏)

○4月26日　朝日新聞夕刊「スーパーグローバル大学構想」に鳥飼玖美子のコメント「グローバル人材育成という発想が、グローバルでない」が掲載された。(記者　石山英明氏)

○4月27日　埼玉県立浦和高校SGH講演会にて、鳥飼玖美子が「世界を意識した学び―グローバル市民として」を講演した。

○5月　NHKテキスト『実践ビジネス英語』5月号「はじめに」で、講師の杉田敏氏が鳥飼玖美子著『本物の英語力』を引用。

○5月　講談社『本』6月号で、鳥飼玖美子が「英語格差」について執筆した。

○5月1日　マスコミ・ソフィア会会報「コムソフィア」No. 70に、鳥飼玖美子著『本物の英語力』の書評が掲載された。

○5月12日　読売新聞に鳥飼玖美子の「カラヴァッジョ展　私の1点」が掲載された。

○5月12日　FM NACKS「ビジネスの森」で鳥飼玖美子がゲストとして出演し英語教育について語った。聞き手は木村達也氏（早稲田大学教授）。放送は5月28日、6月4日。

○5月14日　大修館書店の『英語教育』6月号で鳥飼玖美子著『本物の英語力』の書評が掲載された（書評者は神奈川県立鶴見高等学校教諭　萩原一郎氏）。

○5月15日　東京電機大学で開催された日本英語教育史学会第32回全国大会で、江利川春雄が「アジア・太平洋戦争期における文部省と陸海軍の外国語教育政策」と題した発表を行った。

○5月16日　「2020年度の小学校英語教科化」と題された中日新聞の特集記事で中教審の素案に対する大津由紀雄の意見が紹介された。

○5月18日　『新潮45』6月号「特集―亡国の教育改革」で鳥飼玖美子が「間違いだらけの英語教育論議―文法訳読から会話中心の英語教育へ。一連の改革の結果、引き起こされたのは、中高大学生の読み書き能力、文法知識の著しい低下だった」を執筆。同じ号の書評頁では、江利川春雄の『英語と日本軍―知られざる外国語教育史』（NHK出版）が取り上げられ、評論家の稲垣真澄氏が「『敵を知る』手段は放棄されていた」として評した。

○5月23日　鹿島平和研究所英語教育研究会にて、鳥飼玖美子が最近の英語教育政策についてレクチャーした。

○5月26日　斎藤兆史が主宰する斎藤英学塾の10周年を記念する『英語へのまなざし―

斎藤英学塾10周年記念論集』(ひつじ書房)刊行。

○5月26日　産経新聞「時評　論壇6月号」(文化部　磨井慎吾氏)にて、『新潮45』の巻頭特集「教育改革」が取り上げられ、鳥飼玖美子による「間違いだらけの英語教育論議」が紹介された。

○6月1日　斎藤兆史が*Style and Creativity: Towards a Theory of Creative Stylistics*(ひつじ書房)を刊行。

○6月1日　日本経済新聞夕刊「ブレイク！」で、鳥飼玖美子著『本物の英語力』が、「英語格差　焦る大人励ます」として取り上げられ、3か月で累計発行部数が10万部に達したと紹介された。

○6月11日　明海大学複言語・複文化教育センター開設記念シンポジウム「英語教育と国語教育の連携を巡って」を大津由紀雄が主宰、その導入講演を行った。

○6月11日　鳥飼玖美子が日本経済新聞「こころのページ─英語と向き合う　鳥飼玖美子さんに聞く」「自分の言葉で思い伝える」「学びたい時が好機」に登場。

○6月13日　日本学術会議言語文学委員会文化の邂逅分科会において、大津由紀雄の企画で文科省教育課程課長の合田哲雄氏による発表がなされ、委員として斎藤兆史と鳥飼玖美子も出席した。

○6月14日　鳥飼玖美子が、日本教育情報化振興会(機械振興会館)にて「グローバル社会における英語力と異文化理解」と題する講演を行った。

○6月16日　兵庫県立川西明峰高等学校の教員研修会で、江利川春雄が「待ったなしの授業改革─アクティブ・ラーニングの基本的な進め方」と題した講演・ワークショップを行った。

○6月18日　沖縄外国文学会第31回年次大会(沖縄キリスト教学院大学)で、大津由紀雄が「破綻に向かう英語教育を救うためにすべきこと」と題した講義を行った。

○6月18日　広島市で開催された第39回広島教育基礎講座英語分科会で、江利川春雄が「授業をアクティブにする協同学習の進め方」と題した講演・ワークショップを行った。

○6月23日　嶋田珠巳著『英語という選択─アイルランドの今』(岩波書店)が刊行され、鳥飼玖美子が推薦文を寄稿。刊行後に斎藤兆史が書評(7月10日付『産経新聞』)を執筆した。

○6月24日　『週刊読書人』に大津由紀雄の「書評『異端の英語教育史』(開文社出版)─「文化史」として捉える試み─英語教育の現状への道筋を丁寧に辿る」が掲載された。

○6月26日　英語授業研究学会関西大会の問題別討論会に江利川春雄が登壇し、「アクティブ・ラーニングで授業をどう変えるか」と題した講演を行った。